¡HOLA Y BIENVENIDOS!

AF196561

Yo

Me llamo _____

Clase: _____

Instituto: _____

_____

Profesor / Profesora: _____

_____

1

A jugar

Höre zu und schreibe die Nummer der Frage zu jeder richtigen Antwort.
Danach folge der Reihenfolge der Zahlen und finde den Lösungssatz.

i ☐	n ☐	ú ☐	a ☐	p ☐
	Sí, tengo 12 años, pero mi cumple es mañana.		¡Feliz cumpleaños!	

a ☐	b ☐	i ☐	n ☐	o ☐
¡Oye perro, sal de aquí!	Sí, tengo una gata. Se llama Arroba.		prima	una bebida

s ☐	v ☐	d ☐	e ☐	t ☐
abuela		Ella es de Alemania		España

a ☐	n ☐	e ☐	e ☐	t ☐
	Él es de Costa Rica	¡Ten cuidado con mis cosas!	El fin de semana mis amigos y yo vamos a ir al cine.	

EL CAMPAMENTO DE VERANO

¡ACÉRCATE!

1 Lee el texto de la p. 12–13 y completa las frases.

1. El campamento le gusta a Elena porque _____ y

   _____ .

2. A Alina le gusta el campamento porque _____ .

3. A Nuria le gusta el campamento porque _____ pero no le gusta

   _____ .

4. A Aitor le gusta _____ .

5. El campamento le gusta a Aleixo porque _____ .

2 a Relaciona las palabras y apunta las expresiones. Ejemplo: _hacer una excursión_ _____

~~hacer~~	jugar	montar
participar	practicar	hacer

~~una excursión~~	al balonmano	en un torneo
a caballo	un ruido tremendo	deporte

_____

_____

_____

_____

_____

b Escribe una frase con cada expresión en tu cuaderno.

3 Completa con los pronombres de complemento indirecto.

1. – ¿A vosotras _____ gusta jugar al fútbol?

   – A nosotras sí, claro, _____ encanta. – Pero a Aleixo no _____ gusta. Prefiere el balonmano.

2. A mí no _____ gusta mucho el deporte, pero _____ gustaría aprender a bucear.

3. – ¿A ti _____ gusta Pontevedra? – Sí, es muy bonito.

4. A Pablo y a Mar _____ encanta estar en el campamento.

4 Escucha y completa el cuadro. Puedes escuchar el texto varias veces.

A Anabel le gusta/n	A Laura le gusta/n	A Antonio le gusta/n

A ¿QUÉ ESTÁS HACIENDO?

1 Marca con una equis la/s respuesta/s correcta/s.

1. A Elena y a sus compañeras les gusta
   a) la vida en el campamento. ☐
   b) el pescado. ☐
   c) los monitores y los otros chicos. ☐

2. Hay un juego en el campamento
   a) que se llama «ordenar la cabaña». ☐
   b) que no le gusta a Elena. ☐
   c) que se llama «Puntomanía». ☐

3. El grupo que tiene más puntos
   a) es el «campeón del campamento». ☐
   b) gana una excursión a un parque de atracciones. ☐
   c) gana una piñata. ☐

4. Por eso, todos los chicos
   a) ayudan en la piscina. ☐
   b) ordenan el comedor y friegan los platos. ☐
   c) ayudan en la cocina. ☐

5. Los «4 fantásticos»
   a) son los vecinos de Elena. ☐
   b) siempre van a la cabaña de las chicas después del desayuno. ☐
   c) siempre van a la cabaña de las chicas después de la cena. ☐

6. Elena está pensando
   a) en el partido de fútbol. ☐
   b) en cosas que no quiere contar. ☐
   c) en Aitor que es un pesado. ☐

7. Sarah
   a) llama por teléfono a Elena. ☐
   b) viene de la plaza. ☐
   c) va a estar en el campamento en diez días. ☐

2 Busca cosas y actividades que empiezan con la letra C (o Ch) en el dibujo y apúntalas abajo.

_____

_____

_____

3 Mira los dibujos y escribe para cada dibujo una frase con el gerundio.

Elena

Miguel

Fermín

_____   _____   _____

_____   _____   _____

4
Alfredo y Gema

5
Martín

6
Margarita y Pepa

_____   _____   _____

_____   _____   _____

4 ¿Qué están haciendo los chicos? Escucha y apunta.

1. **Paula:** _____

2. **Raquel y Felipe:** _____

3. **Pepe:** _____

4. **Rubén y Jesús:** _____

5. **Loli:** _____

5 Haced el tándem.   ▶▶ p. 88

6 Mirad la página I y jugad el juego del gerundio. | Bastelt den Würfel auf Seite I und spielt zu zweit oder zu dritt das Gerundiospiel. Wer einen Satz mit dem Bild, das beim Würfel oben liegt, und dem Verb estar + **gerundio** bilden kann, bekommt einen Punkt. Wer nach 7 Runden die meisten Punkte hat, hat gewonnen.

7 Sopa de letras. Busca las formas del verbo venir y apúntalas.

v	i	v	i	v	v	n
i	e	e	e	i	e	v
e	v	n	v	e	n	i
n	e	g	i	n	í	a
e	n	o	e	m	s	m
n	o	s	n	o	o	o
s	v	i	e	n	e	s

_____

_____

_____

_____

_____

_____

_____

8 Completa con las formas del verbo jugar.

1. – ¿_____ (vosotros) al baloncesto?

 – Sí, _____ todos los días.

2. Ellas _____ al balonmano toda la tarde.

3. ¿Te gusta _____ al ajedrez[1]?

4. Cada tarde _____ (yo) al voleibol.

5. – ¿_____ al fútbol con nosotros?

 – No, prefiero _____ al balonmano con los

 otros.   **1** el ajedrez *Schach*

9 Completa las frases con las formas del verbo poner en el crucigrama.

1. – Y vosotros, ¿qué [•••] allí?
2. Carolina [•••] su ropa en mi armario.
3. Nosotras [•••] el cartel en la pared.
4. Luisa y Marco [•••] unos bocadillos en la mesa.
5. Yo siempre [•••] mis libros sobre el escritorio.
6. – Julio, ¿[•••] la mesa, por favor?
   – Sí, claro.

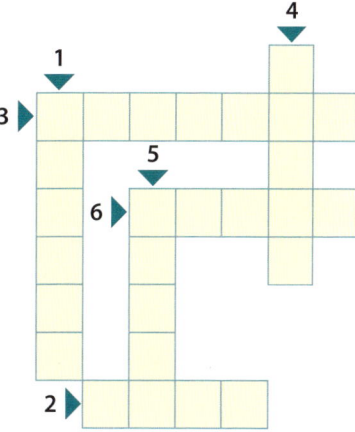

10 Completa con los pronombres de complemento indirecto.

1. Tú _____ escribes una postal a tus amigas en Alemania.

2. Víctor dice: «Pepa y Graciela siempre _____ toman el pelo».

3. Tu abuela _____ pregunta muchas cosas sobre el campamento de verano.

4. José pregunta: «Eh, Rosa y Valeria, ¿qué _____ pasa?»

5. A mi hermana Pati y a mí no _____ gusta el pescado, pero a mi hermano Raúl _____ encanta.

11 a Construye frases con las palabras como en el ejemplo.

Ejemplo: Roberto / no decir nada / a Nuria y Lisa → *Roberto no les dice nada a Nuria y Lisa.*

1. Paula / escribir siempre / a mi hermano.

_____

2. Yo / preguntar / al monitor.

_____

3. José y Aitor / siempre tomar el pelo / a las chicas.

_____

4. Tú / contar muchos chistes / a tus hermanos menores.

_____

5. ¿Vosotros / decir la verdad / a vuestros padres?

_____

6. Nosotras / escribir una postal del campamento / a nuestra familia.

_____

b Ahora escribe las frases de **a** sin las palabras subrayadas en tu cuaderno.

Ejemplo: Roberto no les dice nada a Nuria y Lisa.
→ *Roberto no les dice nada.*

12 ¡Qué pesado! Completa.

Tomás: Esta chica es una p__s__d__.

M__ c____ m____. Siempre está donde estoy yo.

¡E__t____ h__s____ la__ n_____c___!

Beto: ¡Tranquilo, chico, n__ e__ p_____

t_____o! Y además, su amiga es muy simpática.

Lucía: Este chico es un p__s__d__. ¡N__ l__ a_____! Y p_____ c____m__,

siempre está donde estoy yo.

Lola: Tranquila, chica, ¡n__ e__ p_____ t____t__! Y además su amigo m__ c____ b__e__.

Es muy majo.

muy enfadado   muy enfadada

13 Completa con una forma de todo y otro.

1. – ¿Quieres _____ bocadillo? – Sí, y también, _____ horchata por favor.

2. Hoy tengo _____ la mañana clase de Matemáticas y _____ la tarde clase de Historia. ¡Estoy tan cansada!

3. – Necesito este boli rojo y el _____ verde y los _____ tres azules, por favor. – ¿Y por qué necesitas

_____ esos bolis?

4. Tenemos una fiesta con _____ mis amigas y _____ mis amigos.

14 En el campamento de verano. Jugar un papel. | Macht das Rollenspiel.   ▶▶ p. 95 y 96

15 Mi página

Describe tus actividades preferidas en verano. Puedes hacer dibujos o utilizar tus fotos o fotos de revistas.

me gusta/n ...   me encanta/n ...
me mola ...   prefiero ...
me gustaría ...

B EL MONEDERO DE ELENA

1 a Lies die Texte zu den Glücksbringern: Versuche die spanischen Begriffe zu den deutschen Bedeutungen zu finden. Die deutschen Wörter stehen in der Reihenfolge wie im Text.

> Denke daran, dass du nicht jedes Wort kennen musst, um den Text zu verstehen. Hier helfen dir die Bilder sehr beim Verstehen!

¿Amuletos o supersticiones? De ti depende ...

Muchos piensan que la herradura tiene el poder de atraer la suerte. También los griegos, los romanos y los germanos la consideraron[1] símbolo de la suerte.

Muchos hacen este gesto cuando desean algo con todas sus fuerzas. Es una costumbre cristiana que dice que si haces una cruz con tu dedo índice y medio se van las malas influencias[2]. ¿Tú te lo crees?

Tienes que comer una uva con cada campanada del reloj a las 12 de la noche el día 31 de diciembre, para tener suerte todo el año. Tal vez las uvas sí traen suerte o tal vez no, pero si no quieres ser un bicho raro de las fiestas, sigue esta tradición española.

© www.muyjunior.es, texto adaptado

1 considerar *betrachten*
2 las malas influencias *böse Absichten*

alemán	español
die Amulette	_____
der Aberglaube	_____
das Hufeisen	_____
die Macht	_____
das Glück anziehen	_____
die Griechen	_____
die Römer	_____
das Glück	_____
die Geste	_____
mit all ihrer Kraft	_____
ein christlicher Brauch	_____
der Zeigefinger	_____
der Glockenschlag	_____
ein komischer Kauz	_____

b Erkläre nun kurz auf Deutsch, was es mit den Glücksbringern auf sich hat!

_____

_____

_____

c Welche Glücksbringer gibt es zu Silvester in Deutschland?

_____

_____

2 a Kannst du folgende Begriffe ins Deutsche übersetzen? Sie haben alle mit Glück (oder Pech) zu tun! Die Wörter stehen in der Tabelle in derselben Reihenfolge wie im Text.

«Son las 9 en punto, el profe entra en clase y nos da los exámenes de Matemáticas. Y ya tengo mi boli «mágico» sobre la mesa y también tengo mis canicas[1] talismán. Todo indica que[2] la suerte me
5 acompaña … El examen, con sólo una pregunta, llega a mi mesa boca abajo[3]. Cruzo los dedos, porque sólo he estudiado un tema de los dos del test. ¿Voy a tener suerte? ¿Va a salir el tema que he estudiado? Doy la vuelta al papel y … ¡qué mala pata!»
Ya ves: ¿Suerte o mala suerte? … de ti depende.   10

© www.muyjunior.es, texto adaptado

1 la canica _Murmel_
2 todo indica que … _alles zeigt, dass …_
3 boca abajo _umgedreht_

español	alemán
el boli mágico	_____
el talismán	_____
la suerte me acompaña	_____
cruzo los dedos	_____
¡Qué mala pata!	_____
de ti depende	_____

b Contesta las preguntas en tu cuaderno.
1. ¿Dónde está el chico?
2. ¿Qué va a hacer?
3. ¿Por qué cree que va a tener suerte en el examen?
4. ¿Tiene suerte al final ? ¿Por qué ? ¿Por qué no?

AUTOCONTROL

1 Haz el crucigrama.

2 Completa con las formas del verbo venir.

1. Jorge y Juanjo _____ para jugar al tenis.

2. – ¿De dónde _____ tú?

   – _____ de Galicia. ¿Y vosotros?

   – _____ de Alicante.

3. – ¿Dónde está Julia?

   – Mira, ahí _____.

4. Vamos al cine esta noche, ¿Y vosotras? ¿_____

   con nosotros?

3 Completa con los pronombres de complemento indirecto.

1. – ¿A ti _____ gusta bucear, Lisa?

   – Sí, claro, _____ gusta mucho.

2. No comprendo los deberes. _____ tengo que

   preguntar a mis compañeros.

3. Ángel, Jordi, ¿qué _____ pasa?

4. Nuestra abuela siempre _____ cuenta historias.

5. Marta _____ escribe un e-mail a su amiga Julia.

4 ¿Qué están haciendo las personas en la cocina?
Apunta en tu cuaderno.

5 Was sagst du, wenn …

1. … du gerne tauchen lernen möchtest? _____

2. … du etwas gar nicht magst? _____

3. … du die Nase voll hast? _____

4. … du jemanden beruhigen willst? _____

5. … du sagen willst, dass es so schlimm auch wieder nicht ist? _____

6. … du eine schöne Zeit verbringen willst? _____

Die Lösungen findest du S. 99

EL PRIMER DÍA

¡ACÉRCATE!

1 **Explicar el camino**

Trabaja con tu compañero/-a. Tú eres **Alumno/-a A**, tu compañero/-a es **Alumno/-a B**.
Pregunta dónde están los lugares[1] que tú buscas y tu compañero/-a te explica. Después tu compañero/-a
pregunta y tú explicas. Utilizad las expresiones para explicar el camino. Cada uno pinta los lugares en su dibujo.

1 el lugar *Ort*

Alumno/-a A

pregunta por: la heladería, la tienda de zapatos, la piscina, el restaurante.

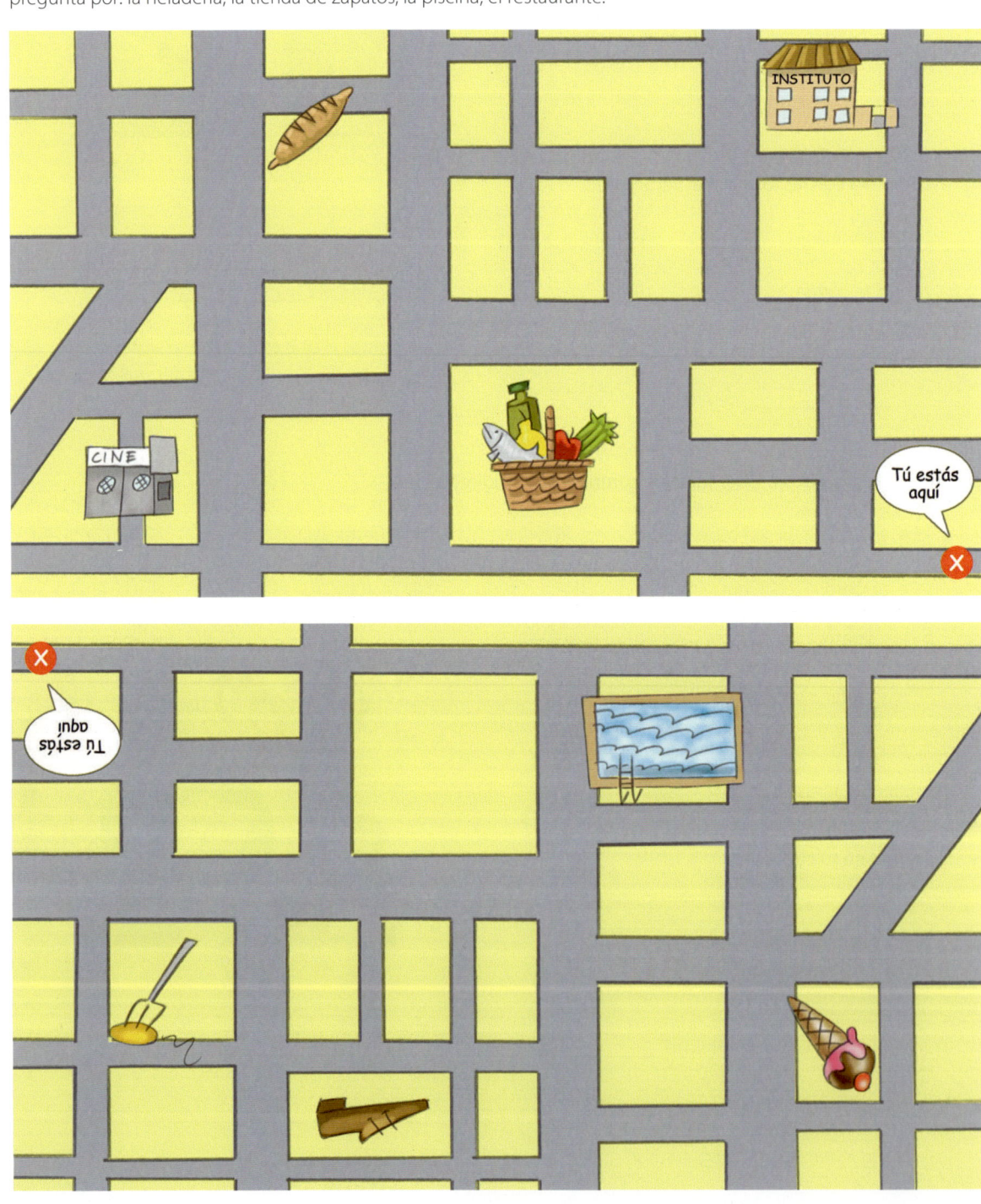

Alumno/-a B
pregunta por: el instituto, la panadería, el cine, el supermercado.

2 ¿Correcto o falso? Escucha el texto y marca con una equis.

correcto falso

1. Aitor ha vivido siempre en Alicante. ☐ ☐
2. Aitor quiere ir al cine. ☐ ☐
3. Pregunta a una señora por el camino. ☐ ☐
4. Él tiene que tomar el bus Nr. 13. ☐ ☐
5. La piscina está enfrente de la estación del bus. ☐ ☐
6. La Plaza Luceros está cerca. ☐ ☐

■■■ ¡ACUÉRDATE!

3 Completa el texto con los imperativos correctos en singular o en plural.

Después del recreo hay mucho ruido en la clase de Lengua y Literatura. El profesor no está de acuerdo y dice:

«¡Por favor chicos, _____ (escuchar)! _____ (tomar) vuestros cuadernos y

_____ (escribir) un texto sobre ‹mi barrio favorito›, por favor. Después _____ (terminar)

la tarea 3 b que ya habéis empezado. Lara, por favor, ¡_____ (escuchar) también!

_____ (escribir) en tu cuaderno … date prisa[1]. – Carlos, ¿dónde está tu libro de texto? ¿Lo has dejado

en casa? Entonces _____ (ir) a la biblioteca y _____ (buscar) uno, ¿vale? – Bueno,

chicas y chicos, ¡_____ (empezar) ya!»

1 date prisa *nun mal los / mach' schnell*

4 a Completa con la forma correcta. | Schau dir die Bilder an und schreibe das richtige Fortbewegungsmittel auf.

_____ _____ _____ _____

b Escribe una frase con cada forma de **a** y explica adónde vas.

_____

_____

_____

_____

_____

_____

_____

A UNA SORPRESA

1 Lee el texto de la p. 25 y combina las frases.

Oye, perdona, ...	**1**	**a**	. . . . porque tiene muchas ganas de ver a sus compañeros.
Es el primer día de insti	**2**	**b**	. . . . ¿me puedes ayudar?
Va deprisa a su aula	**3**	**c**	. . . . a las chicas en la cafetería.
Después del deporte	**4**	**d**	. . . . como un tomate.
Ya están esperando	**5**	**e**	. . . . se duchan y se ponen la ropa.
De repente se pone roja	**6**	**f**	. . . . ¿No te acuerdas de mí?
Me alegro mucho, ¿qué tal?	**7**	**g**	. . . . y está buscando su clase.

■■■ ¡ACUÉRDATE!

2 ¿Qué hora es? Escucha y pinta la hora correcta en los relojes.

1 **2** **3** **4** **5** **6**

3 Una entrevista[1] con Juanes: completa el texto.

Radio: Buenos días, Juanes. Gracias por venir. Tenemos

algunas preguntas sobre tu día. Por ejemplo: ¿A qué hora

_____ (levantarse) durante la semana?

Juanes: Hola chicos y chicas. Estoy muy feliz de estar aquí.

5 Bueno, ¿A qué hora _____ (levantarse)?

Pues … durante la semana _____ (levantarse) sobre las 7:30 de la mañana. Después

_____ (ducharse) y _____ (ponerse) mi camisa negra, ¡ja, ja!

Radio: ¡Claro! Y ¿cuándo _____ (irse) al estudio de grabación[2]?

Juanes: Pues, a ver …, _____ (irse) al estudio a las 11 más o menos. Depende[3] también de mis

10 compañeros. A veces ellos _____ (levantarse) demasiado tarde.

Radio: Entiendo. Después de los conciertos … seguro que estáis muy cansados, ¿verdad?

Juanes: Sí, claro. Pero también _____ (alegrarse, nosotros) mucho.

Radio: Bueno, Juanes, muchísimas gracias. Continuamos en unos minutos … pero ahora la canción favorita del

cantante colombiano: La camisa neeeeeeegraaaaa.

Juanes

1 la entrevista *Interview*
2 el estudio de grabación *Tonstudio*
3 depende de *es hängt von … ab*

4 a Mira los dibujos y describe el día de Elena.
Utiliza los siguientes verbos:

irse	levantarse	desayunar		hacer los deberes
			salir	
ponerse		ducharse		estar

1. _____

2. _____

3. _____

4. _____

5. _____

6. _____

7. _____

8. _____

b ¿Y tu día? Escribe seis frases en tu cuaderno: ¿a qué hora te levantas?, ¿cuándo te duchas?, etc..

5 ¿Reflexivos o no reflexivos? Busca las parejas.

6 Haz el tándem. ▸▸ p. 89

	heißen	rufen, anrufen
gehen		
llamar		irse
llamarse	weggehen	ir

7 **El verbo seguir**

a Encuentra las formas del verbo seguir y apúntalas.

_____

_____

_____

_____

_____

_____

s	s	i	g	u	e	s	z
e	a	x	p	w	o	i	m
g	s	s	i	g	o	g	e
u	h	i	b	i	u	u	s
i	l	g	g	l	a	e	b
m	e	u	a	u	x	n	u
o	y	í	e	o	e	z	a
s	í	s	e	g	u	í	s

b Escribe cuatro frases en tu cuaderno con el verbo seguir.

8 Completa las frases con los números ordinales.

Paco Rodríguez de España es el _____ (2.).

Arne Behrens de Alemania es el _____ (1.).

Henry Taylor de Inglaterra es el _____ (3.).

James Brooker de EE.UU. es el _____ (4.).

Y Carlos Moreno de Argentina es el _____ (5.).

9 a Mira el horario de Luisa y Marga. ¿Qué clases tienen?

	lunes	martes	miércoles	jueves	viernes
1.	Inglés				
2.			Lengua y Literatura		
3.					Biología
4.		Ciencias de la Naturaleza			
5. y 6.				Matemáticas	

1. **El lunes en la primera clase tienen Inglés.** _____

2. _____

3. _____

4. _____

5. _____

b ¿Y qué clase tienes tú el miércoles en la 1. y la 2.?

_____

10 ¿Dónde está …? Jugar un papel. | Macht das Rollenspiel. ▶▶ p. 95 y 96

11 Escribe cinco frases con hay que.

Ejemplo: *Para estar limpio/-a hay que ducharse.*

1. Para estar sano/-a … _____

_____

2. Para desayunar bien … _____

_____

3. Para tener buenas notas … _____

4. Para tener un perro … _____

_____

12 Mi página

a Dibuja el barrio, pueblo o la ciudad donde está tu instituto.

b Describe cómo se va de tu casa al instituto.

1 el fijador *Haargel*
2 confiscado/-a *einbehalten*
3 rellenas *gefüllt*
4 los calcetines *Socken*
5 memorizado/-a *auswendig gelernt*
6 la gota *Tropfen*
7 el bronceador *Sonnencreme*
8 la herramienta *Werkzeug*
9 negociar *handeln*
10 pasado/-a de moda *altmodisch*
11 próximamente extraviado *bald verloren*

1 ¿Correcto o falso? Lee el cómic y marca con una equis.

correcto falso

1. El chico lleva pocas cosas al instituto. ☐ ☐
2. Lleva cosas para comer a la escuela. ☐ ☐
3. Él puede jugar con su Game Boy en las clases. ☐ ☐
4. Lleva una camiseta muy grande de su hermano mayor. ☐ ☐
5. Él chico les cuenta un chiste nuevo a sus compañeros. ☐ ☐

2 ¿Qué es? Lee el texto y escribe el nombre de cada cosa.

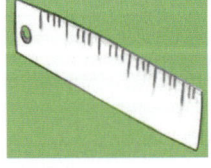

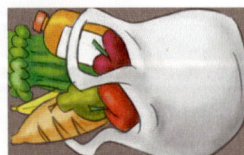

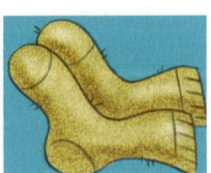

_____ _____ _____ _____ _____

3 ¿Tú qué cosas necesitas el primer día en el instituto y qué cosas no?
Comenta el cómic y escribe un texto en tu cuaderno.
(No) Necesito ... porque ...

AUTOCONTROL

1 ¿Sabes dónde está? Escribe la dirección debajo de los dibujos.

 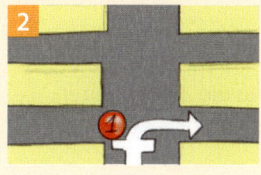 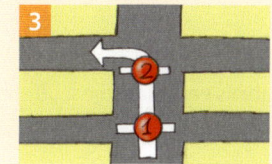 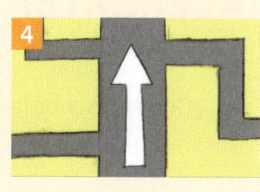

_____   _____   _____   _____

_____   _____   _____   _____

2 ¿Quién es el / la primero/-a? Mira el dibujo y escribe los artículos y los números ordinales.
Aquí tenemos todos los corredores[1] … a ver quién gana … bueno …

Lucía es _____.

Roberto es _____.

Luis es _____.

Virginia es _____.

Marcos es _____, ¡pero es

_____ chico!

Y como última, _____, es Letizia.

¡Enhorabuena[2] para todos!

1 el / la corredor/a *Läufer/in*
2 enhorabuena *Glückwunsch*

3 Tu profesor os da consejos. Completa las frases con el imperativo de **vosotros/-as**.
Hola alumnos …

1. _____ (hacer) vuestros deberes.

2. _____ (hablar) menos.

3. _____ (ir) a la biblioteca.

4. _____ (leer) muchos libros en casa.

5. _____ (tener) cuidado con las palabras nuevas.

6. _____ (escribir) mensajes en español.

4 Completa el texto.

Javi y sus padres _____ (levantarse) muy temprano, pero su hermano Rafa siempre

_____ (levantarse) tarde. Siempre está cansado. ¡Y los padres siempre _____ (quejarse)!

Luego, Rafa y Javi _____ (ducharse), desayunan, _____ (ponerse) la ropa y

_____ (irse) al instituto. Allí _____ (quedarse) por la mañana y por la tarde. Después

Javi _____ (irse) a casa para hacer sus deberes y Rafa a veces _____ (acordarse)

de comprar pan para la cena y va a la panadería.

Die Lösungen
findest du
S. 99 u. S. 100

UNA EXCURSIÓN

¡ACÉRCATE!

1 ¿Qué es? Escribe las palabras en los dibujos. | Beschrifte die Zeichnungen.

el cielo	la torre	el bosque	el sol	la playa	el río	la iglesia
el horizonte	el árbol	la montaña	el mar	el pueblo	la nube	

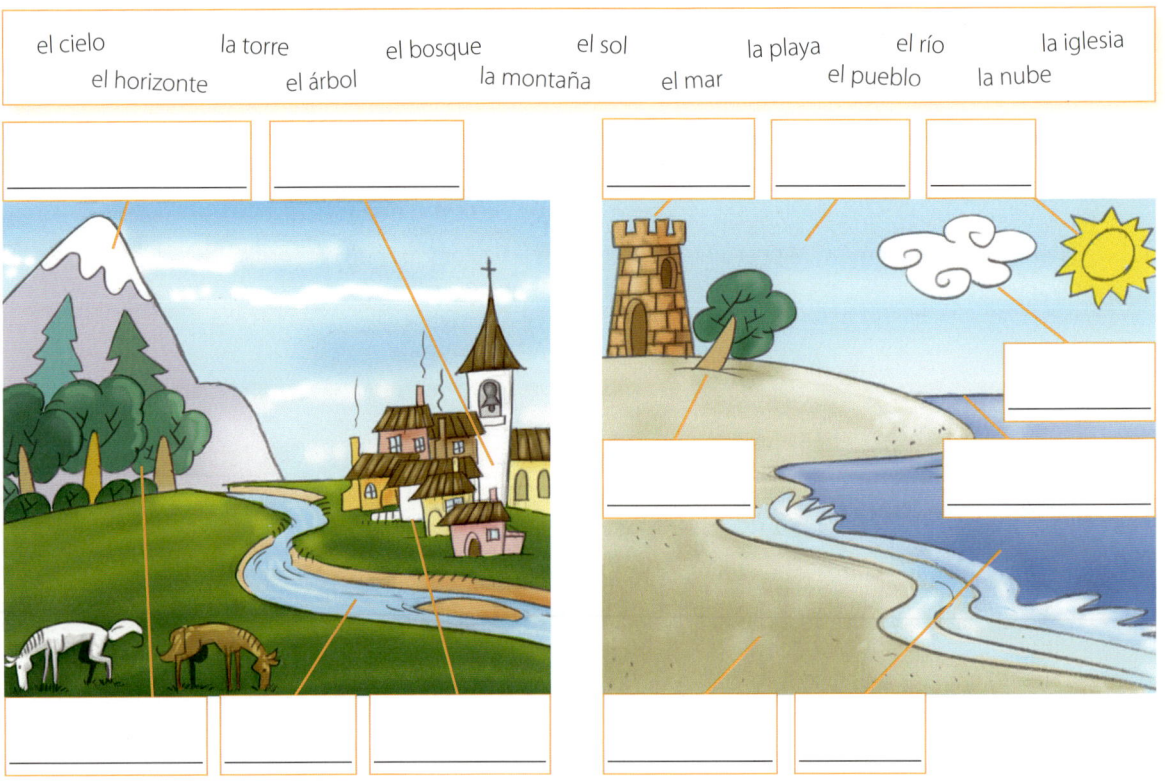

2 Escucha y completa el dibujo. | Hör zu und vervollständige die Bilder in **1** mit den fehlenden Elementen.

6/7

3 a Dibuja tu paisaje favorito. | Denke dir eine Landschaft aus und zeichne sie in das linke leere Feld.

b Descríbele tu paisaje a tu compañero/-a. | Beschreibe nun deinem/-r Partner/in deine Landschaft. Er / Sie zeichnet sie nach deiner Beschreibung in das rechte Feld in seinem / ihrem cuaderno de ejercicios. Dann beschreibt er / sie seine / ihre Landschaft und du zeichnest sie in das rechte freie Feld hier in deinem cuaderno de ejercicios. Danach vergleicht eure Ergebnisse.

Puedes utilizar las expresiones que encuentras en ¡Apúntate! 2, ejercicio 1, página 33.

4 a Mira el mapa de España. Encuentra la ciudad (1, 2, 3 …) y el símbolo correcto (a, b, c …) y escribe frases como en el ejemplo.

12
2 (j/b)•
7
(a)• **6**
9
(h/i)• **1** **8**
(e)• **5**
(i/d)• **3**
11 **10**
(i/j)• **4**

1 Madrid
2 San Sebastián
3 Alicante
4 Cádiz
5 Cuenca
6 Zaragoza
7 Valladolid
8 Barcelona
9 Guadalajara
10 Murcia
11 Sevilla
12 La Coruña

a	**b**	**c** 27°	**d** 40°	**e** 1°
hay tormenta	está lloviendo	hace calor	hace mucho calor	hace frío
f -10°	**g**	**h**	**i**	**j**
hace mucho frío	hace mal tiempo	hace buen tiempo	hace sol	hay nubes

1. ¿Qué tiempo hace … en Madrid? **Ejemplo:** <u>**En Madrid hace buen tiempo. Hace sol.**</u>

2. … en San Sebastián? _____

3. … en Alicante? _____

4. … en Cádiz? _____

5. … en Cuenca? _____

6. … en Zaragoza? _____

b Escucha el reporte del tiempo[1] y dibuja a la derecha del mapa el símbolo correcto en la ciudad correcta.

8

1 el reporte del tiempo *Wetterbericht*

5 Haz el tándem. ▸▸ p. 90

6 ¿Qué le duele a …? Mira los dibujos y escribe las frases como en el ejemplo.

Alfa 1

Beta 2

Centurión 3

Delta 4

Ejemplo: <u>A Alfa 1</u> _____ _____ _____

<u>le duele el pelo.</u> _____ _____ _____

Estrella 5

Fusión 6

Grondi 7

Hiperión 8

_____ _____ _____ _____

_____ _____ _____ _____

7 Rosa y Cristina quieren ir a la playa con Rafa y otros amigos. Todos escriben mensajes para quedar … o no. Ahora llega Diego, otro amigo, y Rafa le cuenta todo. Escribe los mensajes en el estilo indirecto.

> … dice que …   … pregunta si…
> … contesta que …

RAFA, ¿QUÉ HAY? HACE BUEN TIEMPO Y QUIERO IR A LA PLAYA. CRISTINA TAMBIÉN QUIERE IR. SÓLO CARLOS NO, NO TIENE GANAS. ¿Y TÚ, VAS CON NOSOTRAS? AH …, CRISTINA LES VA A PREGUNTAR A SONIA Y A RIGO. ¿LES ESCRIBES TÚ A SERGIO Y A ANA Y LES PREGUNTAS? ROSA

¿QUÉ HAY, RAFITA? ¿A LA PLAYA? PERO … ¿NO VA A LLOVER HOY? NO SÉ … ADEMÁS TENGO DOLOR DE CABEZA. MEJOR YO NO VOY. SERGIO.

HOLA RAFA, GRACIAS POR TU MENSAJE. ¿LLOVER? NO. CREO QUE NO VA A LLOVER, PERO YO VOY A CASA DE MI ABUELA ESTA TARDE, MEJOR LA PRÓXIMA VEZ, ¿VALE? ANA

HOLA ROSA Y RAFA, SONIA Y RIGO TAMPOCO QUIEREN IR CON NOSOTROS A LA PLAYA. ENTONCES VAMOS SÓLO NOSOTROS TRES. HASTA LUEGO, CRISTINA

<u>Rosa dice que hoy hace buen tiempo.</u> _____

_____

_____

_____

_____

_____

_____

A ¡HA TENIDO SUERTE!

1 Lee el texto de la p. 36 y completa el crucigrama.

1. Rafa está en un grupo de [...] del instituto.
2. Ha aprendido muchas cosas sobre [...].
3. Cuando los chicos llegan a casa de los abuelos de Javi, no hay [...].
4. Los chicos beben toda el agua que encuentran en la [...].
5. Elena se ha [...] el pie derecho.
6. El médico dice que Elena ha tenido [...].
7. Ella lleva un [...] …
8. … y una [...].
9. Los amigos van a pasar la noche en casa de los [...] de Javi.
10. Las chicas duermen en la habitación pequeña y los chicos duermen en la [...] en el jardín.
11. Elena habla con su madre y le dice que ha tenido un accidente y que ya han estado en el [...].

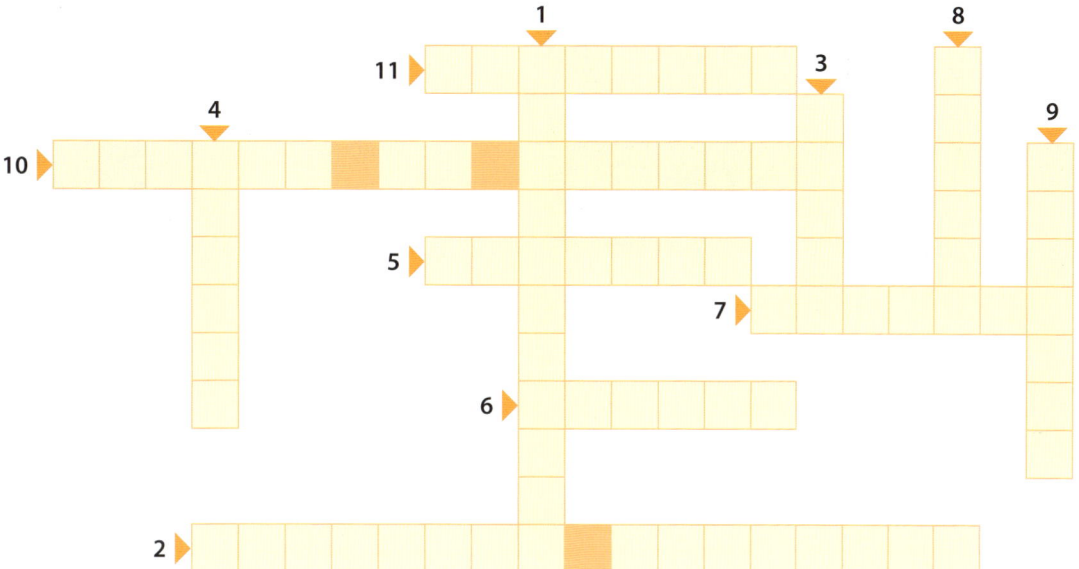

2 a Javi habla por teléfono con su madre y le cuenta qué ha hecho hoy. Completa con las formas correctas del pretérito perfecto:

Javi: Hola mamá, ¿puedo pasar la noche en casa de los abuelos?

Madre: ¿Por qué, Javi?¿_____ (pasar) algo?

Javi: Sí mamá, esta mañana Elena _____ (tener) un accidente con la bici.

Madre: ¡Un accidente! Pero, ¿ya _____ (ir / vosotros) al médico?

Javi: Sí, claro. Esta mañana, después del accidente, _____ (llamar / yo) al abuelo y unos minutos después

él _____ (llegar) en coche y Sarah y Elena _____ (irse) con él.

Madre: ¿Y vosotros, qué _____ (hacer)?

Javi: Nosotros _____ (seguir) a pie y _____ (esperar) delante de la casa.

Después de un rato los abuelos y las chicas _____ (volver). El médico _____ (decir) que

Elena _____ suerte, sólo _____ (torcerse) un pie. Elena también _____

(hablar) con su madre, pero ella no puede venir hoy. Por eso queremos dormir aquí.

Madre: ¿Y cómo está el tiempo?

Javi: Muy bien. Esta mañana _____ (hacer) buen tiempo y _____ (hacer) sol.

Madre: Mira Javi, primero quiero hablar con la abuela, por favor.

b Esteban también habla con su madre. Ahora tú eres Esteban y le cuentas a tu madre sobre el accidente de Elena. Escribe el texto en tu cuaderno. Empieza con:

«Hola mamá, *esta mañana Elena ha tenido un accidente con la bici. Javi ha llamado a su abuelo …*»

3 a ¿Has ido a una fiesta de cumpleaños este fin de semana? Formula preguntas para tu compañero/-a.

1. Ir a una fiesta de cumpleaños / este fin de semana

2. leer un libro / esta semana

3. hacer una excursión en bici / este mes

4. ver una película / este fin de semana

5. levantarse temprano / este domingo

6. dormir en casa de un/a amigo/-a esta semana

1. <u>¿Has ido a una fiesta de cumpleaños este fin de semana?</u> _____

2. _____

3. _____

4. _____

5. _____

6. _____

b Habla con tu compañero y contesta las preguntas.

Ejemplo: ¿Has ido a una fiesta de cumpleaños este fin de semana?
Sí, he ido a la fiesta de Matías.
No, no he ido a una fiesta de cumpleaños.

4 Ordena las palabras y forma frases en el pretérito perfecto.

1. una comida – hacer – mi madre – española – hoy
2. ¿– dormir – esta noche – en una tienda de campaña – vosotras – en el jardín –?
3. al pueblo – esta tarde – ir – mis amigos y yo – en bici
4. los profes – en la pizarra – esta semana – muchas cosas – escribir
5. ¿– la verdad – tú – hoy – no decir – Pablo: –?
6. hacer mucho calor – esta mañana – y por eso – estar – yo – toda la mañana – en la piscina.

> Denke an die richtige Form von haber und achte auf die unregelmäßigen Partizipien.

1. _____

2. _____

3. _____

4. _____

5. _____

6. _____

5 Escucha las frases. Después las escribes en el pretérito perfecto en tu cuaderno.

6 Sudoku o → ue: Completa con las 6 formas de dormir. | In jeder Spalte, jeder Zeile und jedem Feld müssen die 6 Formen stehen.

dormimos				duerme	duermes
			duermo	dormimos	
	duermen				dormimos
duermes			duerme		
	duermen	dormimos			
duermo	duerme			dormís	

■■■ ¡ACUÉRDATE!

7 Sudoku e → ie: Prepara un Sudoku como en **6** para tu compañero/-a. | Wähle ein Verb aus und bereite für deine/n Partnerin / Partner ein Sudoku wie in **6** vor. Er / Sie vervollständigt dein Sudoku und du seins / ihres. Wer ist schneller?

> querer   pensar
> preferir   cerrar   empezar
> fregar   sentarse

8 Completa las frases con no ... nadie / no ... nada / no ... nunca

1. En el bar «Manolo» hay mucha gente. En el bar «El Faro» _____ hay _____.

2. Pedro siempre come mucha verdura. Ángel _____ come _____ verdura o fruta.

3. El el jardín de Lucía hay muchos árboles. En el jardín de Concha _____ hay _____.

4. A Pepa le gusta ir al cine y leer. A Pepi _____ le gusta _____.

5. En la calle Mayor hay mucha gente. En la calle San Miguel _____ hay _____.

6. José siempre trabaja. Manuel _____ trabaja _____.

9 Traduce las frases al español.

1. Juan sagt nichts. _____

2. Roberta spült nie ab. _____

3. Es ist niemand da. _____

4. Ivona gefällt nichts. _____

5. María und Carmen sagen nie die Wahrheit. _____

 10 En el consultorio médico[1]. Jugar un papel. | Macht das Rollenspiel. ▶▶ p. 95 y 96

1 el consultorio médico *Arztpraxis*

Internet sin límites

Jugar, descargar, chatear, comprar … Internet está totalmente integrado en la vida de los jóvenes. Pero cuidado, la red puede tender trampas[1].

Ch@rl@s entre @migos

5 A Alejandra le encanta chatear. Le gusta pasar horas en los foros, en los que todo el mundo[2] puede expresarse[3]. Se conecta para charlar con su amiga o con su prima, que vive en la otra punta del mundo[4]. Y también con los amigos que ha conocido en los

10 chats y que ha aceptado en su lista de contactos.

✛ El círculo de amigos[5]
Gracias a los chats los compañeros se pueden «reunir[6]» después de las clases y comentar los temas del día. ¡Y eso sin bloquear el teléfono fijo

15 ni agotar[7] la tarjeta del móvil!

▭ ¡Cuidado con los límites!
En los chats, la gente se esconde tras un seudónimo[8]. Si la discusión toma un cariz desagradable[9], no hay que insistir; es importante

20 desconectar directamente. Y, por supuesto, no hay que dar nunca los datos personales ni citarse a ciegas[10]. Es como abrir la puerta a cualquiera cuando estás en casa: ¡puede ser peligroso!

Desc@rg@s sin límite

25 Johnny es un maestro de las descargas: películas, series, música, vídeos … Se baja de todo. Las cosas son para él y para otros internautas siguiendo el principio P2P («peer to peer»). El ordenador de Johnny trabaja día y noche, graba cedés y llena los discos duros.

30

✛ Se puede practicar el P2P legalmente
Para esto, los ficheros que se descargan no tienen que ser copias pirateadas. Compartir e intercambiar[12] es la filosofía de Internet. Algunos

35 artistas ponen sus obras[13] libremente para los internautas en sus páginas web. ¡Con un simple clic, se puede disfrutar de obras estupendas!

▭ ¡Cuidado con las descargas ilegales!
Dar a otros internautas obras sin el permiso de sus autores no es legal en España y Europa. La

40 copia de cedés y películas solo está permitida en el ámbito privado[14].

Okapi, 2006, texto adaptado

---

1 tender trampa *eine Falle stellen*
2 todo el mundo *alle*
3 expresarse *sich äußern*
4 en la otra punta del mundo *am anderen Ende der Welt*
5 el círculo de amigos *Freundeskreis*
6 reunirse *sich treffen*
7 agotar *ausschöpfen*
8 esconderse tras un seudónimo *sich hinter einem Pseudonym versteken*

9 un caríz desagradable *eine unangenehme Wendung*
10 citarse a ciegas *sich „blind" verabreden*
11 «peer to peer» *von gleich zu gleich*
12 compartir e intercambiar *teilen und tauschen*
13 la obra *Werk*
14 permitida en el ámbito privado *privat erlaubt*

1 ¿Qué significa en español? | Viele Wörter kennst du bereits aus dem Englischen und / oder sie sind dir klar, weil du dich im Internet auskennst.

español	alemán
chatear	_____
conectarse	_____
los foros	_____
la tarjeta del móvil	_____
la descarga	_____
descargar = bajar	_____
los internautas	_____
el fichero	_____
las copias pirateadas	_____

2 Busca en el texto más palabras del «mundo[1] del Internet» y haz un mapa mental en tu cuaderno.

[1] el mundo *Welt*

3 Wähle einen der beiden Texte aus und fasse kurz auf Deutsch Vor- und Nachteile des Internets zusammen. Schreibe in dein Heft.

4 ¿De quién hablan? Escucha las frases sobre el texto de Alejandra y Johnny y escribe el nombre correcto.

10

1. _____   4. _____

2. _____   5. _____

3. _____   6. _____

5 Mi página

Escribe una página en tu blog sobre una excursión que has hecho o que puedes hacer en tu región. Puedes poner también fotos y dibujos.

_____

_____

_____

_____

_____

_____

_____

_____

AUTOCONTROL

1 ¿Qué tiempo hace en Punta Arenas? ¿Qué tiempo hace en Yucatán?

_____

_____

_____

2 Completa con las formas del pretérito perfecto.

1. Yo no _____ (comer) nada porque no _____ (tener) hambre.

2. Esta semana nosotros _____ (jugar) mucho al tenis.

3. ¿Vosotros ya _____ (leer) el texto en el libro de geografía?

4. ¿Por qué no _____ (irse) todavía, Mónica?

5. Javier le _____ (escribir) un correo electrónico a Merce.

6. Esta noche mis amigos _____ (volver) de una excursión.

3 Completa las frases.

1. En la piscina hay mucha gente, pero en el estadio … _____

2. José come mucho, pero Alberto … _____

3. Pepa siempre baila[1] en las fiestas, pero Patricia … _____

4. A Elena le gusta mucho la música de Juanes, pero a Esteban … _____

5. – Veo a Ana, a Paqui y a Rosa. – Pues yo ¡… _____

[1] bailar *tanzen*

4 Traduce las frases al español.

1. Sie spricht mit niemandem. _____

2. Pepito kennt niemanden in Deutschland. _____

3. Du hast nie Zeit. _____

4. Ihr versteht nichts. _____

Die Lösungen findest du S. 100

ASÍ ES LA VIDA

¡ACÉRCATE!

1 Mira los dibujos y cuenta cómo es el día de Javi.

_____ _____ _____ _____

_____ _____ _____ _____

_____ _____ _____ _____

_____ _____ _____ _____

_____ _____ _____ _____

_____ _____ _____ _____

2 El imperativo: Relaciona los verbos.

darse prisa .... **1**   **a** .... ¡Siéntate aquí!

ponerse .... **2**   **b** .... ¡Levántate ahora!

levantarse .... **3**   **c** .... ¡Apúntate!

apuntarse .... **4**   **d** .... ¡Vete!

irse .... **5**   **e** .... ¡Date prisa!

sentarse .... **6**   **f** .... ¡Ponte la chaqueta!

3 ¿Qué dices en estas situaciones? Utiliza el imperativo.

1. Tu hermana habla mucho y tú no quieres escucharla. Entonces tú le dices: _____.

2. Tu perro está en tu sillón favorito y tú quieres sentarte allí. Entonces tú le dices: _____.

3. Tú quieres hacer deporte con una amiga, pero ella no tiene muchas ganas. Entonces tú le dices: _____.

4. Es tarde y tu amigo y tú tenéis que coger el autobús. Entonces tú le dices: _____.

5. Hace sol y tu hermano no puede ver muy bien. Entonces tú le dices: _____ tus gafas de sol!

6. Tu hermano lee un libro al lado de la lámpara, pero tú quieres dormir. Entonces tú le dices: _____

   la luz, por favor!

4 Escucha el texto y escribe los imperativos que dice el profesor en la clase.

11

■■■ ¡ACUÉRDATE!

5 Completa el crucigrama con una forma de torcer, sonar o llover.

1. Cuando bailamos[1] nos ~ como muñecos[2].

2. Tú ~ como una tele vieja.
3. Si[3] juego al fútbol, me ~ un pie.

4. ¡Qué feo ~ esa música!
5. De ese árbol ~ manzanas.

6. Ahora ~ las campanas[4] de la iglesia.
7. –¿Qué hace tu perro? – Nada, sólo se ~
   una pata[5], pero siempre hace lo mismo.
8. El tiempo está loco: ~ y hace sol a la
   vez[6].

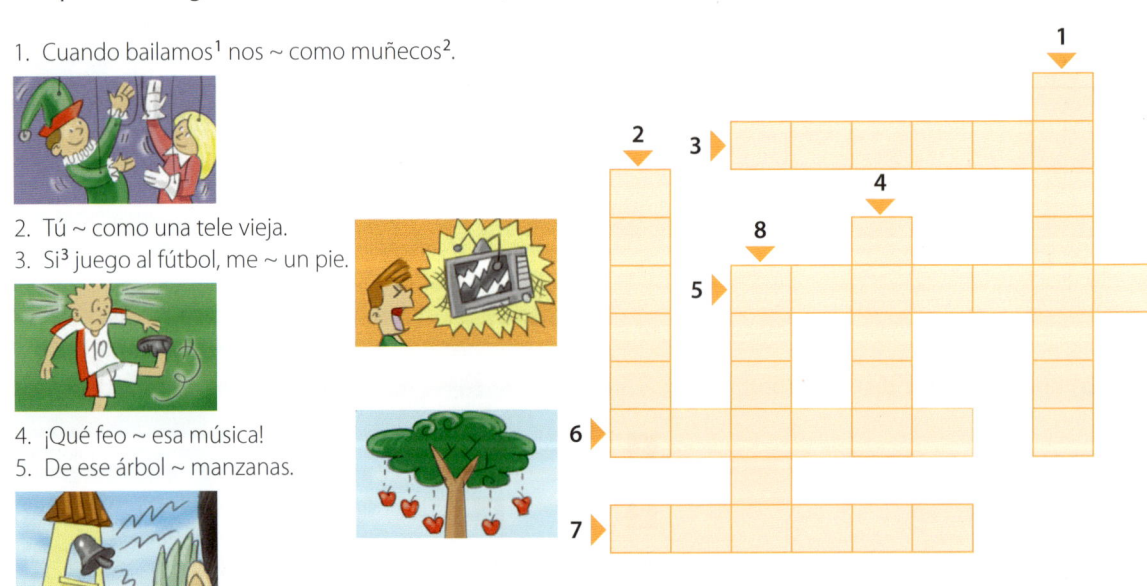

1 bailar *tanzen*
2 el / la muñeco/-a *Puppe*
3 si *hier: wenn*
4 la campana *Glocke*
5 la pata *Pfote*
6 a la vez *gleichzeitig*

A   ESTOY HARTO

1   Lee el texto de la p. 49 y completa las frases.

1. Javi está harto, porque _____

2. Javi necesita más paga, porque _____

3. El móvil de Elena es más moderno, pero ella _____

_____

4. La amiga de Sarah de Hamburgo no tiene móvil, porque _____

5. La madre de Javi dice que un móvil _____

6. Javi no tiene que pagar sus llamadas y sus mensajes, pero _____

2 a   ¿Qué dice él? Encuentra la pareja.

agu	ya	no	ve	est
cáll	qué	ba		to
más	oy	ate	sta	
anto	har	da	te	más

_____   _____

_____   _____

_____   _____

b   Describe cuatro situaciones y utiliza las palabras de **a**.

Ejemplo: *Hoy tengo muchos deberes. No aguanto más.*

1. _____

_____

2. _____

_____

3. _____

_____

4. _____

3   ¡Estoy harto! Jugar un papel. | Macht das Rollenspiel.   ▶▶ p. 95 y 96

4 a   Tener un teléfono móvil tiene puntos positivos y negativos. Completa las listas:

positivo	negativo
<u>jugar con el móvil</u>	_____
_____	_____
_____	_____
_____	_____

b ¿Qué significa un móvil para ti? Escribe un pequeño texto.

<u>Para mí el teléfono móvil (no) es muy importante porque ...</u>

_____

_____

_____

_____

_____

_____

_____

_____

_____

■■■ ¡ACUÉRDATE!

5 **Adjetivos**
Escribe frases como en el ejemplo. Utiliza:

| libro película amigo/-a chico/-a instituto gato/-a |

| aburrido/-a interesante simpático/-a guapo/-a grande pequeño/-a |

Ejemplo: Esta tarde hemos visto un**a** películ**a** muy aburrid**a**.

Denke daran, die Adjektive anzugleichen.

1. _____

2. _____

3. _____

4. _____

5. _____

6. _____

6 a ¿El mejor o el peor? Escucha y escribe una frase con el superlativo.

12

Ejemplo: El libro de Esteban es el más interesante.

1. _____

2. _____

3. _____

4. _____

5. _____

b Escucha el texto otra vez y escribe frases con el comparativo.
Ejemplo: *El libro de Javi es menos interesante que los libros de Sarah y Esteban.*

12

_____

_____

_____

_____

_____

7 Completa las frases con el superlativo.

1. El edificio _____ (grande / +) de nuestra ciudad / nuestro pueblo es _____.

2. El día _____ (largo / +) del instituto es _____.

3. La asignatura _____ (difícil / +) para mí es _____.

4. La nota de _____ es la _____ (mal / −) nota que tengo.

5. El cantante[1] _____ (simpático / +) para mí es _____.

6. Mi compañero/-a _____ (alto / +) es _____.

7. El libro _____ (interesante / −) para mí es _____.

1 cantante *Sänger*

8 Mi página

Dibuja un anuncio[1] para un teléfono móvil y escribe un texto publicitario[2].
Utiliza el superlativo.

1 el anuncio *Werbespot*
2 el texto publicitario *Werbetext*

B TENER HERMANOS: ¿QUÉ SIGNIFICA PARA TI?

1 Lee y escucha el poema.

13

Cuando tengo sueño[1]
me voy a mi cuarto[2],
me quito[3] la ropa,
también los zapatos,
5 y luego me pongo
mi pijama a cuadros[4].

Todo lo coloco[5]
muy bien ordenado[6],
aunque[7] llega a veces
10 mi hermano Juan Carlos
y me dice: ¡chico,
tú te estás pasando![8],
¿quieres darme ejemplo?,
¿quieres un sopapo[9]?

15 Revuelve[10] mis cosas
y nos peleamos[11].

Entonces mi padre
viene mosqueado[12]
y siempre comenta
20 «parecéis hermanos».

© Antonio A. Gómez Yebra, Poemas para niños

1 tener sueño *müde sein*
2 el cuarto *la habitación*
3 quitarse *ausziehen*
4 el pijama a cuadros *karierter Schlafanzug*
5 colocar *platzieren*
6 ordenado/-a *ordentlich*
7 aunque *obwohl*
8 tú te estás pasando *Du übertreibst*
9 el sopapo *Schlag, Ohrfeige*
10 revolver *durcheinander bringen*
11 pelearse *streiten*
12 mosqueado/-a *schlecht gelaunt*

2 ¿Qué pasa en el poema primero? ¿Qué pasa después? Ordena los dibujos.

3 ¿Tú crees que los hermanos en el poema son dos chicos típicos? Comenta con tu compañero/-a.

> pienso que …   creo que … (no)   estoy de acuerdo con …
> para mí …   lo mejor/peor es …

4 El padre dice al final del poema «parecéis hermanos».
Escribe en tu cuaderno lo que dicen los hermanos después.

AUTOCONTROL

1 Completa con las formas del verbo dar.

1. ¿Me _____ tu número de teléfono, por favor?

2. Julia le _____ chocolates a su perro. ¡Eso no

   está bien!

3. Nosotros le _____ el regalo a Roberto hoy.

4. Yo te _____ los libros mañana, ¿vale?

5. Javi y Sarah, me _____ mi mochila, ¿por favor?

6. Mis profesores casi siempre me _____ buenas

   notas. ¡Qué bien!

2 **¿Qué le dice la madre a la hija? Completa con el imperativo.**

1 ¡_____ (hacer) tus deberes!

2 ¡_____ (sentarse)!

3 ¡_____ (callarse)!

4 ¡_____ (decir a mí) la verdad!

5 ¡_____ (poner) la mesa!

6 ¡_____ (ser) una buena chica!

3 Escribe frases con el comparativo.

1  ZAPATOS

nuevo / +

_____

_____

_____

2  Don Julián Marco

viejo / +

_____

_____

_____

3  ANA CARLA

alto / =

_____

_____

_____

4  NARANJAS 2,29 € MANZANAS 1,79 €

caro / −

_____

_____

_____

5  ROBERTO PACO

activo / +

_____

_____

_____

6  LUISA INMA

bueno / +

_____

_____

_____

4 **El superlativo: Traduce las frases al español. Escribe en tu cuaderno.**

1. Das ist meine beste Hose.
2. Das ist das neueste Buch von Pérez Reverte.
3. Sie ist die älteste in meiner Klasse.

4. Das sind für mich die schlimmsten Übungen.
5. Das ist mein jüngster Bruder.

Die Lösungen findest du S. 100 u. S. 101

¡VEN A CENTROAMÉRICA!

¡ACÉRCATE!

1 Completa con las expresiones para un juego.

1 José, ¡no es tu turno! ¡_____ _____!

2 ¿A quién le toca? ¡_____!

3 Pili, ¿sabes la respuesta? Ay, no me acuerdo. ¡_____ _____, por favor!

4 ¡_____!

2 Mira el juego de Centroamérica de las p. 56–57 y completa el texto con estas palabras.

> Nicaragua   canal   pájaro   capital   lago
> volcán   producto   Océano Atlántico   español
> El Salvador   la lengua oficial   países

También puedes buscar información en el pequeño diccionario de cultura y civilización, p. 145–152.

En Centroamérica hay siete _____: Belice, Guatemala, El Salvador, Honduras, Nicaragua,

Costa Rica y Panamá. Un _____ muy importante de la región es el café.

En Belice _____ es el inglés. En los otros seis países es el _____.

_____ es el país más pequeño. Su _____ se llama San Salvador.

El país más grande de Centroamérica es _____.

En Nicaragua hay un _____ muy grande. Allí también hay

tiburones[1]. Y en Guatemala hay un _____ muy famoso.

Se llama Tajamulco. El quetzal es un _____ típico[2] de

Centroamérica y también es el nombre de la moneda oficial[3] de

Guatemala. En Panamá hay un _____ muy importante entre el

_____ y el Océano Pacífico.

lago de Nicaragua

1 el tiburón *Hai*   2 típico/-a *typisch*   3 la moneda oficial *offizielle Währung*

3 Dos chicos de Costa Rica miran un folleto¹ de la Reserva Natural Monteverde en Costa Rica.
Escucha el diálogo y marca una o más fotos para la respuesta.

14
DELE

1. ¿Qué es la Reserva Natural de Monteverde?

1 un volcán

2 un río

3 un bosque nuboso²

2. ¿Qué pájaros puedes ver en la reserva?

4 loros

5 quetzales

6 colibríes

3. ¿Como puedes ir por el bosque?

7 en bici

8 por puentes colgantes³

9 a pie

1 el folleto *Prospekt*
2 el bosque nuboso *Nebelwald*
3 los puentes colgantes *Hängebrücken*

4 a Completa con cuál o cuáles y subraya la respuesta correcta.

1. ¿_____ es el país más grande de Centroamérica? ¿Nicaragua o Guatemala?

2. ¿_____ es la lengua oficial de Panamá? ¿El español o el inglés?

3. ¿_____ son los países de Centroamérica que limitan con México? ¿Panamá y Costa Rica o Belice y Guatemala?

4. ¿_____ son las capitales de dos países de Centroamérica? ¿San José y San Salvador o Madrid y Buenos Aires?

b Escribe dos preguntas más para tu compañero/-a.

5 Los chicos juegan un juego con preguntas sobre España. Completa el diálogo con la, lo, las o los.

Sarah: ¿Cuál es el río más grande de España? ¿Sabes la respuesta?

Elena: Ay, no. No _____ sé. ¿Me das una pista?

Javi: No Elena, no hay pistas. ¡Sigo yo!

Esteban: ¿Conoces los cómics de Mortadelo y Filemón?

Javi: Sí, _____ conozco, me encantan, ¿por qué?

Esteban: ¿Sabes el nombre del autor¹?

Javí: Sí, _____ sé. Es Francisco Ibáñez.

Sarah: Bueno, ahora sigo yo.

Javi: Oye Sarah, ¿tú comprendes las reglas del juego?

Sarah: Sí, claro que _____ comprendo, ¿por qué?

Javi: Porque la pregunta es: ¿Quién ha ganado este juego? Y la respuesta es: ¡_____ he ganado yo!

1 el autor *Autor*

A   UNA EXPOSICIÓN

1 a Lee el texto de la p. 59 y contesta las preguntas.

1. ¿Qué va a haber en el Centro 14 a partir del sábado?

_____

2. ¿A qué hora es la inauguración de la exposición?

_____

3. ¿Quiénes han organizado la exposición?

_____

4. ¿Qué significa para Paula preparar la exposición?

_____

b Escribe 6 preguntas más para tu compañero/-a.
Él / Ella contesta tus preguntas y tú contestas sus
preguntas.

| dónde   cómo   qué   cuándo   quiénes   … |

_____

_____

_____

_____

_____

_____

■■■ ¡ACUÉRDATE!

2 Completa las frases con los pronombres de complemento indirecto.

Para la exposición de Centroamérica Paula _____ pregunta muchas cosas a

su madre y _____ pide unos carteles de la región a su padre.

El padre de Paula también _____ trae muchas fotos a Paula y a los otros

chicos. Paula también habla con Esteban y Clara y _____ pide un favor:

¡Ponerse un traje típico! Esteban no está muy contento:

Paula: Esteban, yo no _____ pido nunca favores.

Esteban: ¿Qué? ¿No _____ pides nunca favores? Yo no me pongo un traje de estos ¡ni loco!

Clara: Oye Paula, yo sí _____ hago el favor y llevo mi traje típico.

Paula: Ya ves Esteban. ¡Clara sí es una hermana!

traje típico de Costa Rica

3 María y Mario son gemelos[1], ¡pero son muy diferentes!
Escribe frases con los pronombres de complemento directo.

1 los gemelos *Zwillinge*

| preparar | ordenar | comprender | leer | comer | ver |

1. Por ejemplo la comida: **Mario prepara la comida. María no la prepara.** _____

2. Por ejemplo la habitación: _____

3. Por ejemplo los deberes de Mates: _____

4. Por ejemplo los cómics: _____

5. Por ejemplo las naranjas: _____

6. Por ejemplo el fútbol en la tele: _____

4 En la exposición: completa con el pronombre de complemento directo.

Julio: ¿Conoces a Tomás?

Paula: No, no _____ conozco.

Marina: ¿Dónde están Elena y Sarah?

Paula: Están allí en la puerta, ¿_____ ves?

Sandra: ¿A qué hora leen los cuentos?

Paula: _____ leen a las cinco.

Julio: Oye, Tomás, ¿_____ esperas en la puerta?

Tomás: Vale, _____ espero ahí.

Paula: ¿_____ ayudas con este cartel, por favor?

Sandra: Sí _____ ayudo. ¿Adónde _____ pongo?

Marina: ¿Has visto a Paula?

Elena: Sí, _____ he visto abajo, está bastante nerviosa.

5 Escucha los imperativos y escríbelos con los pronombres.

15

Denke daran, die Akzente richtig zu setzen.

1. ¡Friega los platos! **¡Friégalos!**

2. ¡Estudiad las palabras! _____

3. ¡Ayuda a tu hermana! _____

4. ¡Escribid el texto! _____

5. ¡Cuelga el cartel en la pared! _____

6. ¡Pon la mesa! _____

6 Completa con una forma de este, ese y aquel.

Elena mira sus fotos del campamento de verano con su prima Angélica:

1. Mira, _____ chico es Aleixo. Es muy simpático. Y _____

   chico con gafas ahí se llama Pablo. _____ chico que está

   jugando al fútbol allí es Aitor. Ahora vive en Alicante.

2. Y aquí las cabañas: _____ cabaña allí es la nuestra[1],

   _____ cabaña es la cabaña de los «cuatro fantásticos» y

   _____ cabaña, aquí, es la cabaña de los monitores.

3. _____ chicas con camisetas rojas son Alina y Mar, mis amigas

   del campamento. _____ chicas con camisetas verdes ahí son

   Nuria y Margarita, ¡son unas pesadas! Y _____ chicas

   con camisetas azules se llaman Nyra y Tea, son las monitoras.

4. Y mira los caballos: _____ caballos aquí se llaman Karo y Lux.

   ¡Qué bonitos!, ¿verdad? _____ caballos ahí son Morgana y

   Rosina y _____ caballos allí cerca del árbol se llaman

   Lucy y Star.

1 la nuestra _unsere_

7 a Ordena las letras y encuentra las formas de los verbos traer y pedir.

1. stare _____

2. oipd _____

3. pedi _____

4. atrigo _____

5. mstraeo _____

6. ndpie _____

7. edimspo _____

8. iratés _____

9. ipdes _____

10. esdíp _____

11. atre _____

12. raetn _____

b Escribe 4 frases con 4 formas del verbo pedir y los elementos siguientes:

> un favor   un helado   más paga   hamburguesa con patatas fritas

_____

_____

_____

_____

8 Completa con una forma de llevar o traer.

¿Me _____ aquel cartel, por favor?

Mira Paula, allí está tu padre y nos ha _____ los carteles para la exposición.

¡Voy a la exposición de Centroamérica y _____ un pastel muy rico!

Oye Anabel, ¿_____ los mapas y las fotos a la otra sala, por favor?

María _____ un plato típico de Nicaragua, ¡qué bien!

Nosotros también vamos a la inauguración de la exposición. ¿Te _____?

9 a Escucha el texto y mira las fotos. ¿De quién hablan? Marca la foto correcta con una equis.

b Elige otra de las fotos. Imagina y apunta: ¿Cómo se llama el chico / la chica? ¿Cuántos años tiene? ¿Dónde vive? ¿Con quién? …

_____

_____

_____

_____

_____

_____

10 ¡Estoy harto/-a de mi hermano/-a! Jugar un papel. | Macht das Rollenspiel. ▸▸ p. 97 y 98

11 Haz el tándem. ▸▸ p. 91

12 Mi página

¡Ven a …!
Crea un mapa mental con información de tu país o el país de tus padres o de tus abuelos. Puedes poner dibujos o fotos también.

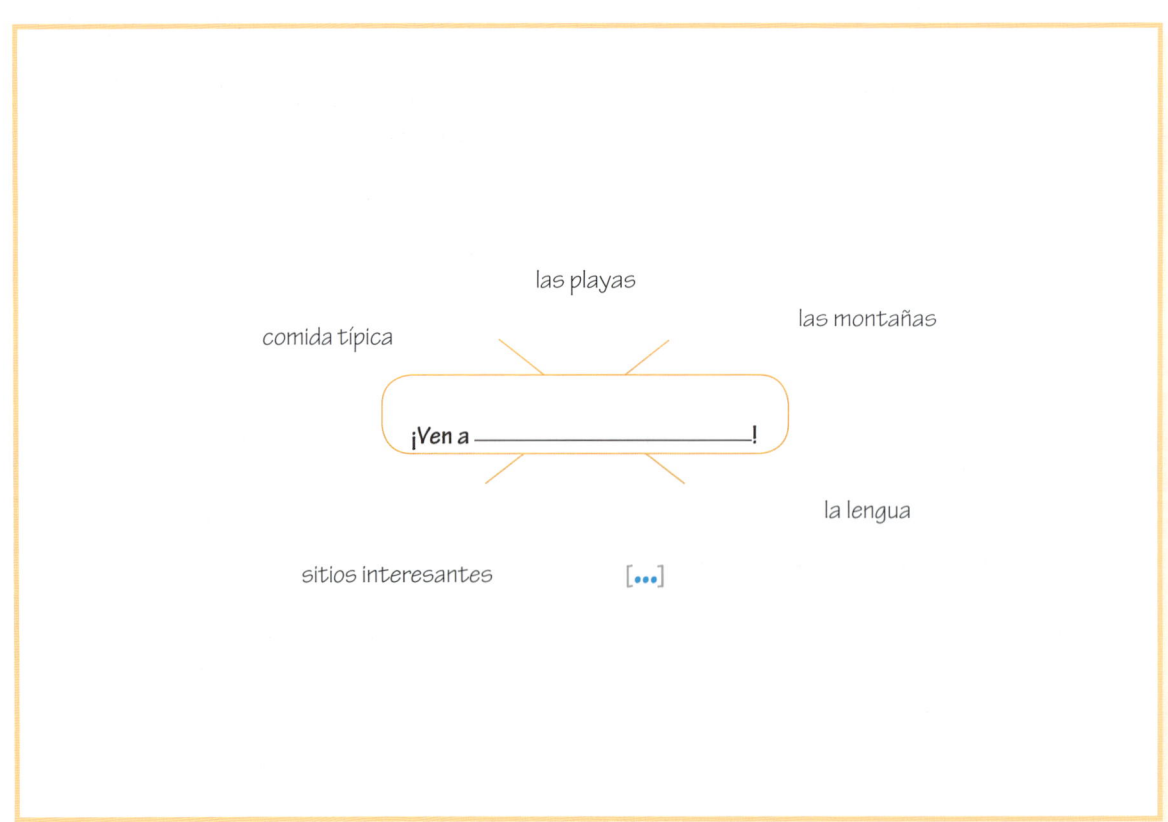

B EL PARQUE NACIONAL TORTUGUERO

1 Lee la información sobre Monteverde.

Monteverde

La reserva es el bosque nuboso más importante de Costa Rica. Cada árbol es un jardín lleno de orquídeas[1]. Hay más de 2 000 plantas[2] diferentes y 400 especies[3] de mariposas[4].

Aventura y seguridad extrema

Canopy es una de las aventuras más seguras de Costa Rica y también ¡una de las más divertidas! Los guías de Canopy visten a los visitantes con el equipo apropiado[5]. Luego los llevan a través[6] de cada uno de los 15 cables[7] y 18 plataformas[8]. Los cables tienen diferentes longitudes[9] y van de 25 hasta 800[10] metros. El tour toma de 1,5 a 3 horas y es para personas entre los 4 y los 99 años.

Puentes y nuevas alturas

Los puentes colgantes son un sistema de caminos de 3 kilómetros de longitud que cruza el bosque nuboso. Aquí los visitantes caminan a través de ocho puentes diferentes de varias longitudes: de 50 a 170[11] metros a una altura[12] que va de 12 a 60 metros. Cada puente tiene una capacidad para 60 personas.

Monteverde también es un pequeño pueblo. Allí hay hoteles, un supermercado, restaurantes y muchas tiendas.

© www.selvatura.com, 2008, texto adaptado

1 la orquídea *Orchidee*	4 la mariposa *Schmetterling*	8 la plataforma *Plattform*
2 2000 (dos mil) plantas *zweitausend Pflanzen*	5 el equipo apropiado *angemessene Ausrüstung*	9 la longitud *Länge*
3 400 (cuatrocientas) especies *vierhundert Spezies*	6 a través *durch, über*	10 800 *ochocientos*
	7 el cable *Seil*	11 170 *ciento setenta*
		12 la altura *Höhe*

2 ¿Qué ves en las fotos? Describe las fotos con la información del texto.

_____

_____

_____

_____

AUTOCONTROL

1 Completa con una forma de aquel.

Raúl y María están de vacaciones en una granja. Por la mañana miran por la ventana y ven todos los animales que hay allí.

– Mira _____ caballos, ¡qué inquietos!

+ Sí, y _____ vacas[1] allí. ¿Las ves?

– Sí, sí. _____ perro allí también es muy

divertido. Y _____ gata, ¡qué graciosa!

1 la vaca *Kuh*

2 Completa el crucigrama con las formas correctas del verbo conocer.

1. **Lalo:** Oye Pili, ¿[•••] a aquella chica?
2. **Pili:** Sí la [•••]. Es Julia, ¿por qué?
3. **Lalo:** Porque ella es amiga de Marco y también [•••] a tu prima Victoria.
4. **Victoria:** Hola chicos, ¿[•••] a Julia?
5. **Lalo y Pili:** Sí, ya nos [•••].
6. **Julia:** ¿Y mis primas también os [•••], verdad?
   Lalo: Sí, claro.

3 Cambia las palabras subrayadas por un pronombre de complemento directo.

1. Este fin de semana he visto la nueva película con Johnny Depp. _____

2. Elena ayuda a Pedro y Ramón con la comida. _____

3. José Manuel siempre busca su móvil. _____

4. ¿Habéis visto a Luisa y a Ana hoy? _____

5. ¡Ayuda a tus hermanas! _____

6. ¡Friega los platos! _____

4 Was sagst du, wenn …

1. … dich jemand in Ruhe lassen soll? _____

2. … du auf keinen Fall etwas machen willst? _____

3. … du jemanden um einen Gefallen bittest? _____

4. … du möchtest, dass jemand etwas für dich macht? _____

Die Lösungen findest du S. 101

EN EL MUSEO

¡ACÉRCATE!

1 Completa el texto con el imperativo de los verbos reflexivos en plural.

Queridos¹ alumnos:
Para tener una estancia agradable² en nuestro museo, por favor:

_____ (acordarse) que hay otras personas que quieren ver las exposiciones. Por eso

_____ (levantarse) de vuestras sillas, si³ viene una persona mayor. _____

(callarse), por favor, durante las películas y _____ (quedarse) siempre con el guía o con

el/la profesor/-a. Después de la visita, por favor _____ (ponerse) vuestras chaquetas, mochilas

y bolsos y _____ (sentarse) cerca de la puerta con vuestros compañeros.

Muchas gracias y ya sabéis: **¡Prohibido no tocar, no pensar, no sentir!**　　　　**Vuestro museo**

1 querido/-a *liebe/r*
2 una estancia agradable *ein angenehmer Aufenthalt*
3 si *hier: wenn*

2 a Escucha el texto y marca con una equis, si es correcto o falso.

	correcto	falso	no está en el texto
1. Marcos quiere ir a la piscina.	☐	☐	
2. Laura prefiere ir al Museo de las Fallas.	☐	☐	☐
3. Laura quiere ir con otra clase también.	☐	☐	☐
4. María quiere cantar en el jardín botánico.	☐	☐	☐
5. Valeria propone¹ el Museo de las Ciencias.	☐	☐	☐
6. En el Museo de las Ciencias hay laboratorios para participar.	☐	☐	☐
7. La clase va a hacer la excursión el viernes.	☐	☐	☐

1 proponer *vorschlagen*

b ¿Qué otras cosas más has comprendido? Escribe en tu cuaderno.

3 Ordena los dibujos y escribe qué pasa primero y qué pasa después. Utiliza: primero, antes de (+ infinitivo), mientras, de repente, después de (+ infinitivo), al final.

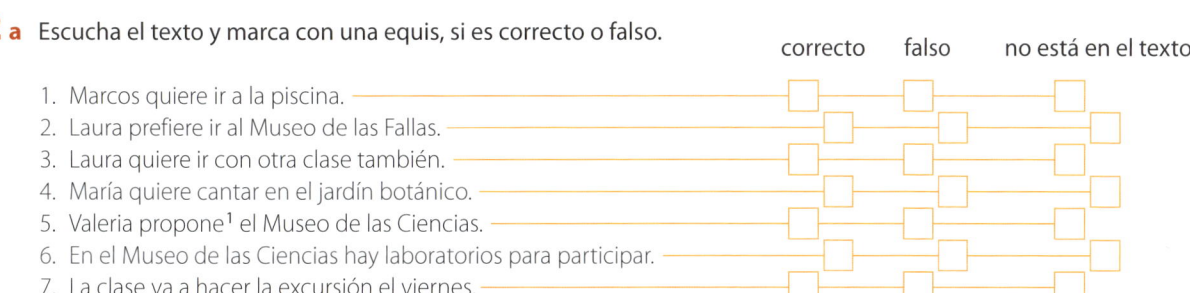

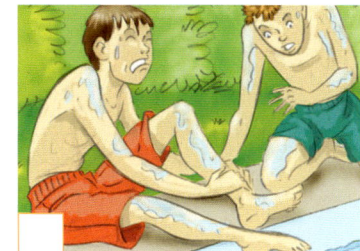

1. _____

2. _____

3. _____

4. _____

5. _____

6. _____

4 ¡Buenísimo! Completa el texto con el imperativo absoluto.

Venid al Campamento de Verano Sol en Alicante:

Aquí hay _____ (mucho) cosas para vosotros: tenemos una piscina _____

(grande) con un tobogán[1] _____ (divertido). También hay una sala de juegos

_____ (moderno). En el campamento hay una tienda de libros y puedes comprar libros

_____ (barato) allí. Las cabañas son _____ (tranquilo) y nuestros

monitores son todos _____ (simpático).

¡Y las comidas son _____ (rico), por supuesto!

Aquí pasas unas vacaciones _____ (bueno).

¡Venid al Campamento Sol!

1 el tobogán *Rutsche*

5 a ¿Qué es? Completa el dibujo con las palabras correctas.

b Imagínate que tienes un ordenador supermoderno. ¿Cómo es? Escribe 5 frases, descríbelo y utiliza: super, muy, medio loco/-a y el imperativo absoluto.

1. Mi ordenador nuevo es modernísimo y tiene mucha memoria. _____

_____

_____

_____

_____

A ¿QUÉ PASÓ AYER?

1 Después de leer el e-mail de Elena, Alina tiene más preguntas. Lee el texto de la p. 73 y contesta sus preguntas.

1. ¿Qué pasó cuando llegasteis al museo?

_____

_____

2. ¿Qué os explicó el guía en la exposición?

_____

_____

3. ¿Adónde fuisteis después de la exposición?

_____

_____

4. ¿Cuándo empezó a sonar una alarma?

_____

_____

5. ¿Qué pasó al final?

_____

_____

2 Escribe las formas correctas del pretérito indefinido en el crucigrama.

1. charlar / él
2. contestar / ellos
3. explicar / vosotros
4. mandar / tú
5. hablar / yo
6. empezar / ella
7. acordarse / tú
8. cantar / nosotros
9. comprar / él
10. cenar / vosotras
11. quedarse / nosotras
12. terminar / tú

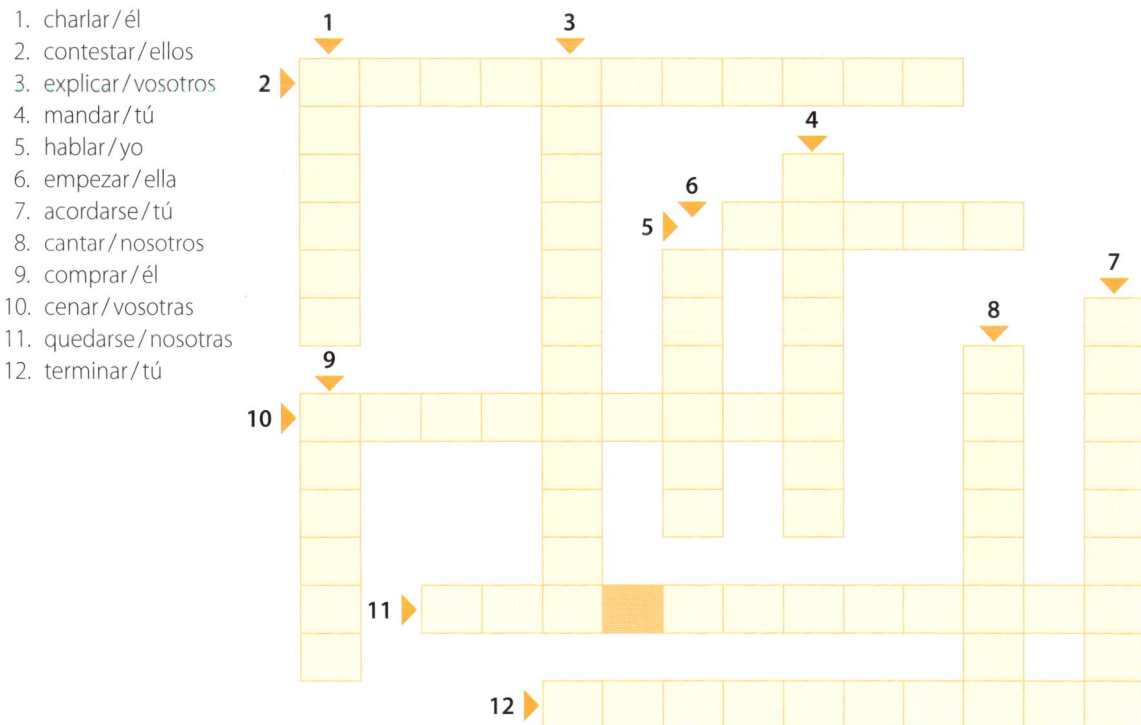

3 Elena apuntó todas sus actividades para la semana pasada en su calendario. Lee las actividades de Elena y escribe las frases en el pretérito indefinido.

Lunes	Martes	Miércoles	Jueves	Viernes
llamar a Sarah				
		comprar un boli y un cuaderno nuevo		
			explicarle los deberes de Mates a Esteban	
				con Javi: terminar los deberes de Biología
	con Sarah y los chicos: nadar en el mar			
				escuchar el cedé nuevo de Molotov

_____

_____

_____

_____

_____

_____

4 Mira los dibujos y escribe qué pasó la semana pasada.

visitar

_____

_____

_____

charlar

_____

_____

_____

preparar

_____

_____

_____

jugar

_____

_____

ayudar

_____

_____

comprar un móvil

_____

_____

5   Encuentra las formas del pretérito indefinido de ser e ir en la sopa de letras.

f	u	a	f	u	e	f	f
u	u	f	u	a	r	o	u
i	f	i	m	u	s	í	e
s	i	e	s	f	u	ó	r
t	s	u	r	t	o	f	o
e	t	u	e	s	e	u	n
f	e	i	m	o	s	i	i
f	u	f	u	i	m	o	s

6 a   Completa el texto con una forma de ir o ser en el pretérito indefinido.

El fin de semana pasado _____ (yo / ir) al cine. La película _____ (ser) muy divertida. Mucha gente

_____ (irse) después a la fiesta del barrio. Yo también _____ (ir) a una heladería con unos amigos.

¡_____ (ser) una tarde muy bonita! Y tú, ¿adónde _____ (ir) tú el fin de semana pasado?

b   Escribe 4 frases y contesta la última pregunta de **a**.

_____

_____

_____

_____

7 a   Escucha el texto y completa la historia.

18

Me llamo Fabio y soy el abuelo de Javi. Tengo 70 años. Con 5 años _____ con mis

padres de Murcia a Elche, una ciudad cerca de Alicante. Primero _____

sólo por un año. En ese año mis padres _____ mucho, pero no

_____ mucho dinero. Entonces _____ un año

más. Durante ese año yo _____ a mis padres en el campo. Por eso _____

en el colegio tarde, con 7 años. En el colegio _____ mucho y después del instituto _____ a la

universidad. _____ para ser profesor. Durante casi 40 años _____ profesor de Biología en un colegio.

Ahora la abuela de Javi, Mercedes, y yo vivimos en Aspe, un pueblo cerca de Alicante. La vida en un pueblo nos gusta mucho. Muchas veces Javi o Rafa vienen con sus padres o con sus amigos a visitarnos.

b   La semana pasada Javi fue con sus amigos a Aspe en bicicleta y …
Continúa la historia en el pretérito indefinido. Escribe en tu cuaderno.

la semana pasada   primero
de repente   después   luego   al final

8 Mi página

Haz 4 dibujos o toma 4 fotos de tus vacaciones y escribe en el pretérito indefinido debajo de cada uno la actividad. Puedes utilizar los verbos: ir, pasar, jugar, visitar, ser, llegar, cenar, terminar.

<table>
<tr><td>

_____

_____

</td><td>

_____

_____

</td></tr>
<tr><td>

_____

_____

</td><td>

_____

_____

</td></tr>
</table>

9 Haz el tándem. ▸▸ p. 92

10 Contesta las preguntas como en el ejemplo.

In zwei Sätzen musst du einen Akzent setzen. In welchen?

¿Vas a comprar un jersey nuevo?
Sí, **lo voy a comprar mañana. / Sí, voy a comprarlo mañana.**

1. ¿Podemos hacer los deberes juntos esta tarde?

   Sí, _____

2. ¿Paco está llamando a las chicas?

   No, (escribir un e-mail) _____

3. Puedes ayudarme a estudiar Mates?

   No, _____

4. ¿Estáis esperando a María?

   Sí, _____

5. ¿Puedes quedarte un rato más?

   No, _____

11 Traduce las frases al español. ¡Acuérdate, tienes dos posibilidades!

1. Ich kann euch nicht verstehen.

_____

2. Ruft ihr uns gerade an?

_____

3. Ich kann es (= das T-Shirt) nicht finden.

_____

4. Ich werde ihn um 3 Uhr sehen.

_____

5. Ich kaufe es (= das Brot) gerade.

_____

6. Kannst du auf mich in der Cafeteria warten?

_____

_____

12 Una llamada. Jugar un papel. | Macht das Rollenspiel. ▶▶ p. 97 y 98

■■■ ¡ACUÉRDATE!

13 a Une con una línea las palabras que van con ser y las que van con estar.

deberes difíciles   listo/-a para ir a la fiesta

un examen fácil   **ser**   cansado/-a de estudiar

enfermo/-a
esta semana   **estar**   una chica activa

bien   harto/-a

profesor/a   un chico simpático

b Escribe 3 frases con ser y 3 con estar. Utiliza las palabras de a.

_____

_____

_____

_____

_____

_____

14 Completa el texto con una forma de ser o estar.

Ahora Sarah y sus amigos _____ en el recreo y charlan de muchas cosas. Los amigos de Sarah _____

muy simpáticos. Esteban _____ muy activo y siempre quiere jugar. Javi no, él _____ más tranquilo y le gusta

leer o tocar la guitarra. Rafa, el hermano de Javi, también _____ muy deportista, pero ahora _____

cansado, porque ha jugado al fútbol todo el día. Elena, la amiga de Sarah, _____ muy bonita y hoy lleva una

camisa muy moderna. _____ guapísima. Aitor también _____ un chico muy alegre, pero hoy no dice

nada. _____ muy nervioso, porque tiene un examen de Ciencias de la Naturaleza. Rafa habla con él:

Rafa: Aitor, ¿cómo _____?

Aitor: _____ mal, creo que _____ enfermo.

Rafa: ¿Qué te duele?

Aitor: Nada, pero tengo un examen y todavía no _____ listo. Y seguro que el examen _____ muy

difícil.

Rafa: Tranquilo chico, ¡no _____ para tanto!

■■■ **APRENDER MEJOR**

15 Escucha el texto y completa la tabla: ¿Qué pasó …

… primero?	… después?	… de repente?	… luego?	… al final?

Beim Zuhören Notizen machen
Wenn du einen Text hören möchtest, kannst du auch
eine Tabelle anlegen, in die du die Informationen
besser einordnen kannst. Konzentriere dich beim Hören
auf die richtige Reihenfolge der Ereignisse. Was passiert zuerst,
was dann und was passiert am Ende?

B ¡PROHIBIDO NO PENSAR!

Excursiones

Alumnos del instituto de Lasarte-Oria viajaron[1] al parque Senda Viva.

Lasarte-Oria: Los alumnos del primer curso de ESO[2] del *Instituto Lasarte-Usurbil* fueron de excursión el jueves pasado al parque Senda Viva, en Arguedas (Navarra). El año pasado, la alumna Miriam Infante
5 Sainz ganó un concurso de redacción[3] que organizó el

parque y, como premio[4], ganó un día de visita para ella y todos sus compañeros. Fueron con tres profesoras. Primero visitaron una exposición de animales y después disfrutaron de las diferentes atracciones del parque, como podéis ver en la foto. ¡Fue muy   10
divertido!

© *www.noticiasdegipuzkoa.com, texto adaptado*

Los alumnos del instituto de Las Norias se van de excursión.

Los alumnos del instituto de Secundaria *Las Norias* han estado en dos excursiones diferentes para conocer nuevas regiones de Andalucía.
En la primera excursión, 24 alumnos de primero de
5 ESO y dos profesores, visitaron Sierra Nevada el pasado fin de semana dentro del programa «Aulas en la Naturaleza» de la Consejería de Educación[5].
La segunda excursión fue una visita al programa «Rutas Literarias»[6], un viaje por Málaga, Sevilla y Granada,
10 donde los alumnos visitaron la Comunidad Autónoma[7] en la que viven y además aprendieron mucho sobre escritores[8] andaluces. Allí participaron 24 alumnos y otros dos profesores de cuarto de ESO.
En esos días, los alumnos abandonaron[9] los libros
15 durante unas horas para disfrutar de otras tareas educativas como talleres[10], juegos, exposiciones y otras actividades deportivas como fútbol o voleibol.

© *www.ideal.es, texto adaptado*

Sierra Nevada

1	viajar *reisen*	6	Rutas Literarias *etwa: literarische Pilgerwege*
2	ESO (Educación Secundaria Obligatoria) *entspricht etwa den Klassen 7–10 im deutschen Schulsystem*	7	la Comunidad Autónoma *Autonomieregion*
3	el concurso de redacción *Schreibwettbewerb*	8	el / la escritor/a *Schriftsteller/in*
4	el premio *Preis*	9	abandonar *verlassen*
5	la Consejería de Educación *Bildungsministerium*	10	el taller *hier: AG*

1 ¿Quién fue adónde? Relaciona las frases con un dibujo.

alumnos del Instituto
Las Norias de primero de
ESO

Málaga, Sevilla, Granada

alumnos del Instituto de
Secundaria Las Norias de
cuarto de ESO

parque Senda Viva

alumnos del Instituto
Lasarte-Usurbil

Sierra Nevada

2 Escucha las frases sobre el texto y corrígelas.

_____

_____

_____

_____

_____

_____

3 Tú también organizas una excursión. ¿Adónde quieres ir y por qué? Escribe un pequeño texto.

_____

_____

_____

_____

_____

_____

1 EL JUEGO DEL GERUNDIO

1. Beide Außenformen ausschneiden.
2. An den gepunkteten Linien falzen.
3. An den Laschen zusammenkleben.
   Zunächst jede Form für sich, dann
   beide Formen zusammenfügen
   (dabei kommt die blaue Lasche
   unter die blaue Linie).

[...]

2 EL DOMINÓ DE LAS PROFESIONES

	bióloga		jugador de fútbol
	dibujante		entrenadora
el silbato	fotógrafa		médica
	programador		científico
el microscopio	alumno		cantante
el micrófono	camarero		cocinera
	panadero		pescador
	profesora de buceo	la máscara	jugadora de tenis
	bailarín		el taxista
	vendedor	la caja	profesora

3 EL JUEGO DEL BALONCESTO

Spielregeln:

Ihr könnt dieses Spiel zu zweit, zu dritt oder zu viert spielen. Zum Spielen braucht ihr einen Würfel und einen Spielstein (oder Knopf) pro Spieler.

1. Deine Figur bewegst du auf dem Spielfeld nach der Zahl auf dem Würfel. Du darfst mit deiner Figur dort bleiben, nur wenn du die Verbform des Verbes deines Feldes im pretérito indefinido richtig gebildet hast.

   ⚀ yo   ⚁ tú   ⚂ él/ella   ⚃ nosotros/nosotras   ⚄ vosotros/vosotras   ⚅ ellos/ellas

2. Hast du die Verbform nicht richtig gebildet, musst du zurück auf dein Ausgangsfeld.
3. Ist deine Verbform richtig, darfst du weiter würfeln.
4. Wenn du auf einem Netz landest, fällst du auf das angezeigte Feld zurück und der/die Nächste ist dran!
5. Wenn du auf einem leeren Feld landest, darfst du zwei Felder weiter vorrücken und dort bleiben, ohne zu konjugieren! Wer zuerst ins Ziel gekommen ist, hat gewonnen!

	Vuelve al **41**.	**50**	**49** ir	**48** recibir	**47** conocer
41 buscar	**42**	**43** colgar	**44**	**45** salir	**46** jugar
40	**39** empezar	Vuelve al **36**.	**38** ser	Vuelve al **34**.	**37**
32 pagar	**33** levantarse	**34**	Vuelve al **29**.	**35** ver	**36** irse
31 estudiar	**30** mirar	**29** meter	**28** explicar	**27**	**26** leer
21 volver	Vuelve al **17**.	**22**	**23** descubrir	**24** trabajar	**25** organizar
20 perder	**19** empollar	**18** hablar	Vuelve al **12**.	**17**	**16** gustar
11 mover	**12**	**13** encontrarse	**14** ganar	Vuelve al **7**.	**15**
Vuelve al **2**.	**10** torcer	**9** sonar	**8** comprender	**7** quedarse	**6** llegar
SALIDA	**1** comer	**2** escribir	**3**	**4** abrir	**5** aprender

4 EL JUEGO DE LAS PERSONAS

Spielregeln:

Cortad las tarjetas[1]

Jugad en grupos de tres o cuatro. Cada uno tiene 6 o 8 tarjetas en la mano. Poned la última tarjeta en la mesa.

El menor empieza y puede poner una tarjeta en la pila[2], si[3] tiene una persona con alguna característica común[4]

con la persona que ya está en la mesa (por ejemplo también tiene el pelo rubio, también lleva una falda, etc …).

¡Atención! El mismo sexo[5] no es una característica común en este juego.

Pero el jugador también tiene que explicar por qué puede poner a esa persona allí. Por ejemplo: «Pongo a Manuel, porque él también tiene el pelo castaño».

Si no tienes ninguna persona con una característica común, o no puedes explicarlo, le toca al siguiente.

Gana el jugador que pone todas sus tarjetas primero.

1 la tarjeta *Karte*
2 la pila *Stapel*
3 si *hier: wenn*
4 la característica común *gemeinsame Eigenschaft*
5 el sexo *hier: Geschlecht*

 Manuel

 Ricardo

 Laura

 Maite

 Pablo

Carlitos

Liliana

María

Justino

Pili

Iker

Alba

Silvano

Claudia

Enrique

 Alejandra

Maripaz

Alberto

Juana

Daniel

Dolores

Lorenzo

Vanesa

Maurino

Zoe

AUTOCONTROL

1   Completa con las formas de los verbos en el pretérito indefinido.

1. La semana pasada _____ (ir / yo) a casa de mis abuelos.

    Con mis abuelos _____ (visitar / yo) el museo de la región. _____ (ser) muy interesante.

2. El fin de semana pasado _____ (organizar / nosotros) una fiesta.

    _____ (escuchar / nosotros) música y _____ (cantar / nosotros) muchísimo.

3. El año pasado mi prima Luisa _____ (ir) a Barcelona. Allí _____ (buscar) primero

    un hotel. Después _____ (ir) al centro y _____ (pasear) por toda la ciudad.

    A ella le _____ (gustar) mucho Barcelona.

2   Escribe el adjetivo, el superlativo y el superlativo absoluto debajo del dibujo como en el ejemplo.

moderno

Ejemplo: <u>Un móvil moderno / más moderno /</u>

<u>modernísimo.</u>

_____

20.000 €   40.000 €   100.000 €

caro

_____

_____

_____

MARGA   NURIA   BEA

largo

_____

_____

_____

3   Cambia la colocación de los pronombres de complemento y contesta las preguntas.

Ejemplo: ¿Los puedes leer? **Sí, puedo leerlos.**

1. ¿Nos estás preguntando a nosotras?

    Sí, _____ .

2. ¿Quieres verlas?

    No, _____ .

3. ¿Están buscándolos?

    Sí, _____ .

4. ¿Les vas a preguntar?

    No, _____ .

5. ¿Me puedes ayudar?

    No, _____ .

6. ¿Puedo preguntarte algo?

    Sí, _____ .

Die Lösungen findest du S.101

¿QUIERES SER COMO ELLOS?

¡ACÉRCATE!

1 Haz el crucigrama. Por cierto, ¿es un chico o una chica?

1. Trabaja con ordenadores.
2. Utiliza una cámara.
3. Hace deporte y juega en un equipo.
4. Lo puedes ver en películas.
5. Sabe mucho de química.
6. Trabaja con equipos que hacen deporte.
7. Te cuida si estás en la clínica.
8. Trabaja en una clínica.
9. Trabaja en un laboratorio.
10. La puedes ver en películas.
11. Necesita lápices y a veces un ordenador.
12. Les enseña algo a los alumnos.

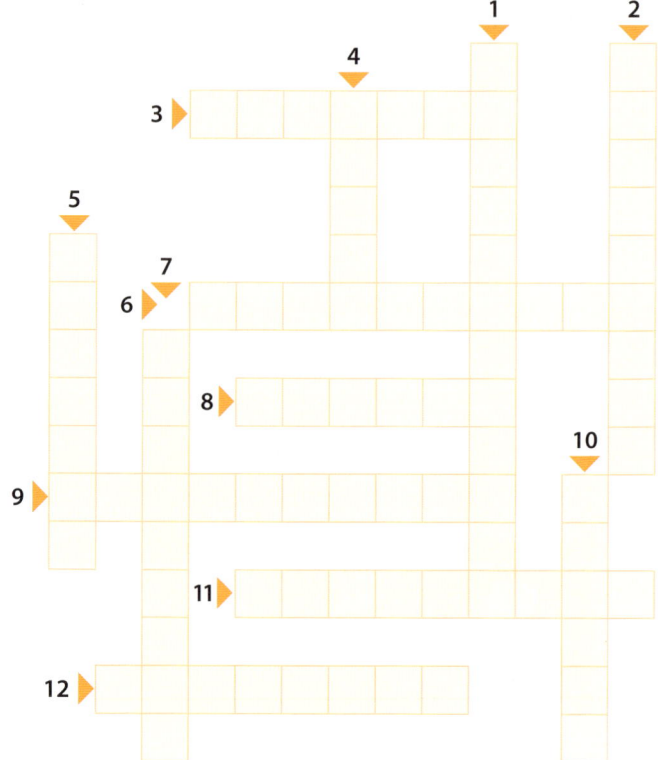

2 ¿Qué dicen los chicos? Relaciona.

Andrea

A mí me gustaría
ser bióloga **1**

a .... y ser mi propio jefe.

Marco

En el futuro me gustaría trabajar
en la panadería de mis padres ... **2**

b .... por eso quiero ser dibujante
de cómics.

Nuria

Me encanta dibujar **3**

c .... porque me gustaría trabajar
con animales en un parque
nacional.

Adrián

Yo quiero ayudar a la
gente **4**

d .... me gustaría mucho ser actor.

Rubén

En el insti estoy en un grupo
de teatro, y me gusta mucho.
Creo que **5**

e .... y por eso quiero ser químico
o médico.

3 Mira los dibujos e imagina: ¿Qué quieren ser en el futuro? ¿Por qué? Escribe dos o tres frases para cada chico.

Maite: _____

Pedro: _____

Juan: _____

_____

_____

_____

_____

_____

_____

_____

_____

_____

APRENDER MEJOR

4 **Wortfamilien**

a ¡Más profesiones! Relaciona las palabras que ya conoces con las profesiones que todavía no conoces y los dibujos.

la cocina	el pescado	escribir	el taxi	el pan	vender	bailar	el jardín

el escritor / la escritora

el vendedor / la vendedora

el bailarín / la bailarina

el jardinero / la jardinera

el pescador / la pescadora

el cocinero / la cocinera

el / la taxista

el panadero / la panadera

b Escribe 5 frases con las palabras que van juntas.

Ejemplo: *El cocinero trabaja en la cocina y prepara la comida.*

1. _____

2. _____

3. _____

4. _____

5. _____

5 El dominó de las profesiones. | Schneidet die Dominosteine auf S. 11 aus und spielt zu dritt oder zu viert Domino. Legt alle Dominosteine verdeckt auf den Tisch, mischt sie gut und verteilt sie unter euch. Der / Die Jüngste fängt an und legt einen Dominostein offen auf den Tisch. Der / Die Nächste versucht, das passende Bild zu finden. Wer keins hat, setzt aus und der / die Nächste ist an der Reihe. Wer keine Steine mehr hat, hat gewonnen!

A   LOS CHICOS Y SUS ÍDOLOS

1   Lee el texto de la p. 85 y escribe el nombre de los chicos que dicen estas frases.

1. _____: Me gustaría ir al concierto de Juanes en julio.

2. _____: Las entradas para los conciertos de Juanes son muy caras.

3. _____: Yo prefiero gastar mi dinero en un buen partido de fútbol o baloncesto.

4. _____: Juanes es genial.

5. _____: Gasol es un tío guay.

6. _____: Para los famosos es fácil ayudar.

7. _____: La fundación de mi tía organizó un mercadillo para recaudar dinero.

8. _____: Juanes sólo tiene que mostrar su cara bonita para ayudar.

9. _____: Todos quieren ayudar y esto está muy bien.

2   Completa la tabla con las formas en el **pretérito indefinido.** | Vervollständige die Tabelle mit den Formen von trabajar, vender und recibir und markiere die Endungen der Verben jeweils in unterschiedlichen Farben.

	trabaj**ar**		
[yo]			
[tú]		vend**iste**	
[él / ella]			
[nosotros/-as]			
[vosotros/-as]			
[ellos / ellas]			recib**ieron**

3 a   ¿Qué hicieron[1] los chicos ayer / hace dos días / el domingo pasado? Escucha el texto y forma frases con estas palabras.

21

> Achte auf die besondere Schreibweise der Formen von ver und leer!

| Maribel | Pablo | Lola y Maite |

Ejemplo: Ayer Maribel recibió un e-mail.

Ayer	**Hace dos días**	**El domingo pasado**
recibir un e-mail	ir al cine	ver un partido
leer un cómic	conocer a una chica	vender ropa
ver una película	recibir una carta	leer un libro

[1] ¿Qué hicieron ayer? *Was haben sie gestern gemacht?*

_____
_____
_____
_____
_____
_____

b Y tú, ¿qué hiciste[1] ayer, hace dos días y el domingo pasado? 　　1 ¿Qué hiciste ayer? *Was hast du gestern gemacht?*

_____
_____
_____

4 Completa los diálogos con las formas correctas del pretérito indefinido de los verbos **volver**, **ver**, **vender** y **vivir**.

Javi: ¿_____ (vosotros) el partido con Paul Gasol anoche en la tele? – **Elena:** No, nosotros _____ una película. – **Javi:** ¡Qué pena! Fue alucinante.

Sarah: ¿Cuándo _____ (tú) de Costa Rica?

Esteban: _____ el lunes pasado.

Javi: ¿_____ (vosotros) mucho en el mercadillo el fin de semana?

Tía: Bueno, Javi, _____ bastante. Sin embargo, no recaudamos mucho dinero.

Lola: Hasta el año pasado _____ (yo) en Cádiz.

Toño: ¿En qué barrio _____?

Lola: En La Viña.

 5 Mirad la página III y jugad el juego del baloncesto.

6 a ¿Cómo empezó ayer el día de Titeuf? Describe los primeros 9 dibujos. Utiliza los verbos en el cuadro y el pretérito indefinido.

levantarse	su madre / darle un beso	irse al instituto	ponerse el jersey	desayunar
ponerse los zapatos	peinarse¹	lavarse los dientes²	preparar sus cosas para el instituto

1 peinarse *sich kämmen*

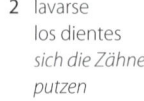
2 lavarse los dientes *sich die Zähne putzen*

© *Titeuf, tomo 12, 2008*

Titeuf _____ a las siete.

Primero _____ y después _____.

Luego _____, _____

y _____.

Al final _____.

Su madre _____ y _____.

b Continúa la historia e inventa: ¿qué dicen Titeuf y su amigo?
Puedes utilizar las siguientes palabras:

llegar su amigo   dar un chocolate / a Titeuf   irse juntos
                decir   comentar

_____

_____

_____

_____

7 Completa con **buen** / **buena** (+) y **mal** / **mala** (–).

1. Antonio es un _____ (+) jugador de voleibol.

2. Rosalía y Blanca son _____ (+) amigas.

3. José es un _____ (–) entrenador.

4. ¿Ganaste en la lotería[1]? ¡Qué _____ (+) noticia!

5. Ayer vimos un _____ (–) partido de fútbol.

6. **María:** Enrique Iglesias es un _____ (+) cantante. – **Pepa:** Qué dices, canta fatal. Es un _____ (–)

   cantante. Y además tiene sólo _____ (–)canciones.   1   la lotería   *Lotterie*

8 a La tía de Javi lee una carta que recibió hace unos días. Escucha y contesta las preguntas.

22

1. ¿Cómo se llama el chico? _____

2. ¿Dónde vive? _____

3. ¿Su actividad favorita? _____

   _____

4. ¿Con quién vive? _____

   _____

b Escribe un pequeño texto sobre el chico. Inventa algunas cosas más sobre su vida.

_____

_____

_____

_____

_____

9 Jugar un papel. | Macht das Rollenspiel.   ▸▸ p. 97 y 98

B UNA CARTA DE NICARAGUA

1 a Lee el texto una o dos veces y subraya las palabras clave que son importantes para comprender el texto.

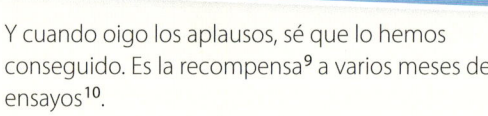

Mi profesión preferida

«Me encanta el circo; sueño con ser trapecista[1]».

Lidia, 13 años

Clara contesta a Lidia:

A los 19 años hice prácticas en un circo. Aprendí muchas cosas con los artistas[2] y ellos me contaron muchas cosas sobre sus espectáculos y sus
5 números. Me encantó ese universo. Me gustó tanto la vida del circo ¡que los seguí durante un año!

**He hecho un poco de todo,
pero lo que prefiero es el trapecio.**

Tengo la sensación de volar[3]. Aunque, antes de
10 lanzarme[4] al aire, a veces tengo miedo, porque me puedo caer.
Por suerte hay medidas de seguridad[5], pero hay que estar atento. Cuando hago un número es alucinante saber que los espectadores[6] sueñan y que sienten
15 escalofríos[7]. Cuando presentamos un espectáculo por primera vez, me pregunto: ¿gustará[8]?

Y cuando oigo los aplausos, sé que lo hemos conseguido. Es la recompensa[9] a varios meses de ensayos[10].

© www.muyjunior.es, texto adaptado

1	el/la trapecista *Trapezkünstler/in*	6	el/la espectador/a *Zuschauer*
2	el/la artista *Künstler/in*	7	el escalofrío *Kälteschauer*
3	volar *fliegen*	8	¿gustará? *Wird es gefallen?*
4	lanzarse *sich werfen*	9	la recompensa *Belohnung*
5	las medidas de seguridad *Sicherheitsmaßnahmen*	10	el ensayo *Probe*

b Y tú, ¿estás hecho para esta profesión? Explica en alemán cómo tiene que ser un trapecista. Escribe en tu cuaderno.

2 Mi página

¿Qué quieres ser en el futuro y por qué? Escribe un pequeño texto. También puedes utilizar fotos o dibujos.

_____

_____

_____

_____

_____

_____

_____

AUTOCONTROL

1   ¿Qué hacen? Escribe frases.

| el fotógrafo   el jugador de baloncesto
el científico   el biólogo   la actriz | descubrir vacunas   trabajar en el teatro
tomar fotos   jugar al baloncesto
trabajar en un parque nacional |

1. _____

2. _____

3. _____

4. _____

5. _____

2   Busca las formas de los verbos en el pretérito indefinido y forma una frase completa.

| **1** tú conoc   **2** nosotras recib   **3** él beb
4 vosotros volv   **5** ellas vend   **6** yo viv | -iste …   -imos   -ió
-isteis   -ieron   -í |

1. Ayer _____.

2. Hace una semana _____.

3. Hace dos días _____.

4. La semana pasada _____.

5. Ayer _____.

6. El año pasado _____.

3   Completa con las formas correctas del pretérito indefinido de los verbos siguientes: escribir, vender, ver, recibir e ir.

1. Ayer _____ un e-mail de mi abuela, ¡imagínate!

2. Laura nos _____ una postal de Guatemala.

3. El año pasado nosotros _____ tortilla de patatas en la fiesta del cole.

4. ¿_____ (vosotros) operación triunfo[1] en la tele ayer? – No, _____

   al cine y _____ la nueva película de Alejandro Amenábar.

1 operación triunfo *Musikwettbewerb im spanischen Fernsehen.*

4   Wie sagst du auf Spanisch …

1. … was du studieren willst? _____

2. … wo du gerne arbeiten möchtest? _____

3. …, dass du wie jemand sein willst? _____

Die Lösungen findest du S.102

UN VIAJE POR ESPAÑA

¡ACÉRCATE!

1 a Mira el dibujo y escribe las cosas que metes en tu maleta para hacer un viaje.

el cepillo de pelo

la pasta de dientes

el secador de pelo

En mi maleta meto … _____

_____

_____

_____

_____

b ¿Tu compañero/-a ha metido las mismas cosas? ¿Sí? ¿No? ¿Por qué? Discutid.

Para mí es más importante llevar …

Pues para mí no. Yo siempre llevo …

Para mí también. Además yo necesito …, porque …

2 Escucha el texto sobre Centroamérica y marca con una equis los números correctos.

23

Entre Belmopán y Ciudad de Guatemala hay	☐	180 km.	☐ 320 km.	☐	250 km.
Entre Ciudad de Guatemala y Tegucigalpa hay	☐	568 km.	☐ 361 km.	☐	586 km.
Entre Tegucigalpa y San José hay	☐	361 km.	☐ 574 km.	☐	547 km.
Entre Managua y Ciudad de Panamá hay unos	☐	816 km.	☐ 618 km.	☐	186 km.

el canal de Panamá

Guatemala

Belmopán

3 Mi página

Mi viaje por España

Mira el mapa de España en ¡Apúntate! 2, página 212, pinta en este mapa 4 o 5 ciudades más y escribe un texto sobre tu «viaje por España».

¿Dónde haces una pausa?   ¿Qué sitios visitas?

¿Vas en coche, tren o autobús?   ¿Quién va contigo?

¿Qué tiempo hace?   [•••]   ¿Qué metes en tu maleta?

A ¡DESCUBRE TU CIUDAD!

1 Lee el texto de la p. 97 y completa este resumen de la historia.

primos	San Sebastián	entrevistas	chico	se mudó	estudiante	vasco	paseo de la Concha
capital		Vitoria	grande		Donostia	difícil	mujer

Iker y Leire, los _____ de Aitor, hacen unas _____ en las calles de

San Sebastián y Aitor los ayuda. Primero le preguntan a un _____ de Madrid que es

_____ y que vino hace un año para estudiar. Cuando el chico llegó, empezó un curso de

_____, pero le parece muy _____. Después los chicos hablan con un

señor de _____ que _____ a Bilbao con su _____ por

razones de trabajo. Después una profesora de Historia les cuenta que la _____ del País Vasco es

_____ aunque la ciudad más _____ es Bilbao. Al final Aitor les pregunta a dos

chicas, Luisa y Nuria, si viven en _____. Luisa dice que sí pero que Nuria es de Vitoria. Las dos

invitan a Aitor a ir al _____.

■■■ ¡ACUÉRDATE!

2 Al día siguiente Aitor le escribe un correo a Rafa.
Completa el texto con la forma correcta del pretérito indefinido.

> Hola Rafa,
>
> Ayer _____ (ser) un día superguay. Mis primos Iker y Leire _____ (hablar)
>
> con mucha gente en la calle para el taller de radio de su instituto y yo los _____ (ayudar).
>
> Un chico que _____ (venir) a San Sebastián para estudiar hace un año nos
>
> _____ (contar) muchas cosas sobre el vasco. Un señor que _____ (nacer)
>
> en Donostia y su mujer _____ (tener que) mudarse a Bilbao por razones de trabajo.
>
> Y después nosotros _____ (hablar) con una profesora de Historia y ella
>
> _____ (poder) decirnos muchas cosas sobre la geografía de la región. Al final yo
>
> _____ (conocer) a dos chicas: Luisa y Nuria. Nuria y su familia _____ (irse)
>
> de San Sebastián el año pasado y Luisa _____ (invitar) a Nuria a venir a visitarla. Al final ellas
>
> y yo _____ (quedar) para ir juntos al paseo de la Concha.
>
> Aquí te mando un par de fotos de las chicas, son muy simpáticas.
>
> Saludos,
> Aitor

3 a Completa el crucigrama con las formas de venir, decir, poder y tener en el pretérito indefinido. ¡Cuidado! Tú tienes que descubrir con qué verbo y con qué forma puedes completar el crucigrama.

v
i
n
e

v i n i s t e i s

p
u
d
i
s
t
e

b En el crucigrama de **a** falta una forma para cada verbo. Escribe una frase con cada forma.

1. _____

2. _____

3. _____

4. _____

c Completa el juego del baloncesto, p. III, con los verbos: venir (nr. 3), decir (nr. 17), poder (nr. 37) y tener (nr. 40) y juega otra vez.

4 a Escucha los siguientes marcadores temporales[1] y escríbelos en la casa correcta.

24

1 los marcadores temporales
Zeitangaben

PRETÉRITO PERFECTO

PRETÉRITO INDEFINIDO

b Escribe una frase con cada marcador temporal en el tiempo correcto en tu cuaderno.

5 Mira los dibujos y escribe las frases en el pretérito perfecto o pretérito indefinido.

deporte / yo / mucho / hacer / hoy

la / Julia / pasada / venir / semana

primos / de / nacer / hace un mes / los / Felipe

_____

_____

terminar / el / ya / señor / comer / López / de

? / por / llamar / no / Fernando / ¿ / qué / todavía

Ayer / un / comprar / nuevo / coche

_____

_____

6 Combina las palabras de los cuadros y escribe frases con cada verbo en el pretérito perfecto o en el pretérito indefinido en tu cuaderno. Tienes varias posibilidades.

el lunes pasado hace 3 semanas	perder mudarse
el año pasado ayer hoy	levantarse ganar estudiar
esta mañana todavía no ya	visitar empezar ver

todo el día   suficiente dinero   mi mochila
a una casa más grande   una exposición
película buenísima   tarde   un curso de vasco

_____

_____

_____

_____

_____

_____

_____

_____

_____

7   **Nuevo en la ciudad.** Jugar un papel. | Macht das Rollenspiel.   ▶▶ p. 97 y 98

8 a   **Una excursión con la clase**
      Escucha el texto y marca los dibujos correctos.

1. La clase fue a

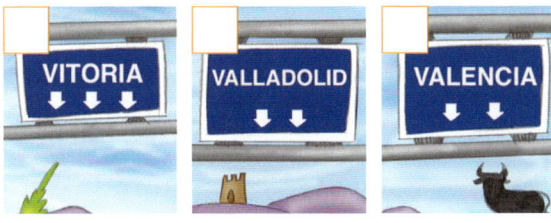

2. La clase viajó en

3. A la excursión fueron en total[1] [•••] personas[2].

4. Visitaron primero

5. Además visitaron

6. Algunos alumnos compraron

7. Todos llegaron

1 en total *insgesamt*
2 la persona *Person*

b   Escucha el texto otra vez, mira tus respuestas de **a** y escribe un pequeño resumen de la excursión.
      Utiliza el pretérito indefinido.

_____

_____

_____

_____

_____

_____

_____

_____

9   Haz el tándem.   ▶▶ p. 93

10 Completa las frases con sin embargo, aunque, mientras, cuando.

1. _____ tengo suficiente dinero, no quiero pagar más de 8 euros por el regalo.

2. Ya comprendo inglés muy bien. _____ tengo que estudiar para el examen.

3. Julia y yo pasamos la tarde en casa y _____ ella escucha música, yo veo la tele.

4. _____ Ana no está leyendo, está hablando con sus amigas por teléfono.

5. _____ está lloviendo, vamos al parque con el perro.

6. _____ mis padres van al trabajo, mi hermana y yo vamos al instituto.

■■■ ¡ACUÉRDATE!

11 Mira los dibujos y escribe lo que piensa el chico. Utiliza no … nunca, nada y nadie.

1 llamar	2 gustar	3 tener tiempo

Ejemplo:

No _____

No me llama nadie. ___

No _____

4 hablar	5 acordarse de	6 pensar en

No _____

No _____

No _____

12 Escribe las frases de 11 otra vez, pero empieza con nunca, nada o nadie (o la preposición correcta).

1. _____

2. _____

3. _____

4. _____

5. _____

6. _____

B EL DIARIO DE KEPA

26

1 Escucha y lee el siguiente texto.

El diario de Alberto

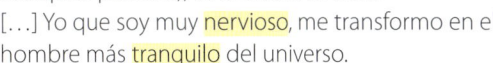

Marta me va[1]. Que me gusta […], me gusta mucho.
¿Por qué? Pues porque es simpática, agradable,
ni muy tímida […], nada cobarde, más bien valiente,
comprensiva y guapa.

5 Con eso queda claro que me gusta, pero creo que no es
suficiente. Esta vez no quiero actuar como un niño
inconsciente que no sabe lo que hace […].
Esta vez quiero analizarlo […] a través de[2] este diario
que voy escribiendo en el ordenador.

10 He dicho que es simpática. ¿Qué quiere decir ser
simpática? ¿Es lo mismo que ser amable? No, pero se
parece[3]. Ser simpática quiere decir que está más ratos
de buen humor que de malo. Y ése es el caso de Marta.
Aunque no estoy con ella las veinticuatro horas del día,

15 se le nota[4] en dos cosas: en su sonrisa[5], que es dulce

[…], y en el brillo de sus ojos,
que chispean[6] […] como
estrellas.
He dicho que es agradable

20 porque, cuando estás a su
lado (no sólo yo, sino
cualquier persona), te encuentras bien.
[…] Yo que soy muy nervioso, me transformo en el
hombre más tranquilo del universo.

25 Y es guapa. Sin ser una belleza[7] de las que salen en las
revistas, tiene unos ojos marrones muy expresivos.
Cuando estoy a su lado, me pongo físicamente tierno.
Y cuando me encuentro solo en casa y pienso en ella
pues también.

© Francesc Sales, El diario de Alberto, 1991: Texto original abreviado

1 Marta me va *etwa: Marta bekommt mir gut*	3 parecerse *ähnlich sein*	6 chispear *strahlen*
	4 se le nota *man sieht es ihr an*	7 la belleza *Schönheit*
2 a través de *durch*	5 la sonrisa *Lächeln*	

2 Todas las palabras marcadas en el texto están relacionadas con el tema «características[1]» de una persona.
Haz un mapa mental para cada grupo en tu cuaderno. ¿No conoces algunas palabras?, entonces búscalas en el
diccionario.

1 características positivas y negativas *positive und negative Eigenschaften*

3 Completa tus mapas mentales con las siguientes palabras. ¿Cuáles son características positivas y cuáles
negativas para ti?

> divertido/-a feliz inquieto/-a cariñoso/-a tonto/-a gracioso/-a peligroso/-a malo/-a
> activo/-a feo/-a aburrido/-a bueno/-a travieso/-a majo/-a inteligente

4 ¿Cómo son Marta y Alberto? Escribe frases con todas sus características en tu cuaderno.

5 La historia del Diario de Alberto continúa con esta frase. Lee la frase y completa el poema con tus palabras.

El viernes, en la clase de historia, le hice este poema que juega con su nombre:

M _____

A _____

R _____

T _____

A _____

AUTOCONTROL

1 Ayer Aitor preparó todas las cosas para su viaje. Lee su lista y escribe frases en el pretérito indefinido en tu cuaderno.

1. lavar los vaqueros y las camisetas
2. comprar bocadillos y botellas de agua para el viaje
3. escribir un correo a sus primos
4. preparar la mochila
5. tener que ordenar la habitación antes del viaje
6. decirle a papá: «Estoy listo para el País Vasco».

2 ¿Pretérito perfecto o pretérito indefinido? Escribe los verbos en el tiempo verbal correcto.

1. Hoy _____ (venir) muchos amigos a mi casa para ver una película.

2. Esta mañana ya _____ (yo, beber) un litro de zumo, pero todavía tengo sed.

3. El lunes pasado _____ (nosotros, ir) a la piscina nueva.

4. Ayer Marga _____ (ella, decir) algo muy divertido, pero ya no me acuerdo.

5. El sábado pasado no _____ (nosotros, poder) jugar al fútbol, porque no_____ (venir) nadie.

6. Hasta ahora, la chica nueva no _____ (decir) nada en clase.

3 Escribe las frases otra vez, pero empieza cada frase con la palabra nunca, nada o nadie.

1. No vamos nunca al cine. _____

2. ¡Yo no como nada de esto! _____

3. Aquí no sabe nadie bailar[1]. ¡Qué pena! _____

4. No está nadie en casa. _____

5. No me llamas al móvil nunca. ¿Por qué? _____

1 bailar *tanzen*

4 Traduce este trabalenguas[1].

Ich höre, dass du hörst, dass sie ein Wort hört. Aber wir hören
das Wort, das ihr hört, nicht und das hören die anderen auch nicht!

1 el trabalenguas *Zungenbrecher*

_____

_____

5 Completa el texto con sin embargo, aunque, mientras y cuando.

1. Yo ya puedo decir muchas cosas en vasco. _____ todavía tengo que aprender más.

2. _____ ayer Julio estuvo enfermo, fue a su clase de música.

3. _____ madre prepara la comida, nosotros hacemos los deberes.

4. _____ mi madre habló con mi padre, él me dejó ir a la excursión.

5. El cine está bastante lejos. _____ voy casi cada semana durante las vacaciones.

6. _____ hace buen tiempo, no quiero ir a la piscina.

Die Lösungen findest du S. 102 u. S. 103

COSAS DE LA VIDA

¡ACÉRCATE!

1 Escucha y completa los diálogos con las palabras que faltan.

27

1

Laura: Oye, ¿me has traído los _____

de Historia que te presté ayer?

Juan: ¡Ay, perdona! Los he dejado en casa.

2

Bea: Con las malas _____ que he sacado

este año voy a tener que _____ el curso.

Paco: Pues yo también tengo que _____

todo el verano. Las _____

empiezan ya en septiembre.

3

Luis: Merce es una _____. Siempre

saca buenas notas.

Nuria: Sí, pero es muy maja. Siempre me deja

_____ sus apuntes.

4

Paz: ¡Ay, Mates para mí es muy difícil!

Lucas: Para mí también, o me pongo las

_____ o saco otra vez un _____.

Y entonces vas a ver tú la _____ en casa.

5

Nacho: Todavía tengo que escribir el _____ de Inglés para mañana. Me cuesta bastante.

El problema es el _____. Nunca voy a sacar un _____, pero sí un aprobado en Inglés.

Carlos: ¡Ay, qué exagerado!

Miguel: Pues como tú siempre tienes _____ en Inglés, no te enteras.

Busca 5 verbos y 5 sustantivos de la p. 104–105 como en el ejemplo y escribe las palabras que van juntas.

Ejemplo: *repetir* un *curso*

r	e	p	e	t	e	a	b	l	a	r
c	u	r	s	o	m	p	e	s	m	o
a	p	u	n	t	p	u	d	p	u	c
d	i	c	c	i	o	n	a	r	i	o
i	e	s	o	s	l	t	r	e	v	p
c	i	a	r	o	l	e	a	s	e	i
c	u	c	t	r	a	s	e	t	r	a
i	m	a	e	i	r	a	s	a	a	r
o	t	r	e	p	e	t	i	r	n	o
n	n	o	t	a	b	l	e	p	o	s

_____   _____

_____   _____

_____

b Escribe una frase con cada pareja.

1. _____

2. _____

3. _____

4. _____

5. _____

3 a Escucha el texto y apunta en la tabla: ¿cómo se llaman los chicos?, ¿cuántos años tienen? y ¿cuál es su problema?

28

Nombre	¿Cuántos años tienen?	¿Cuál es su problema?
Pepa		

b ¿Y tú? Escucha otra vez y escribe un pequeño texto como el de los chicos en el ejercicio **a**.

28

_____

_____

_____

A ¿QUIÉNES HAN SIDO?

1 a ¿Qué pasa primero, qué pasa después? Ordena los dibujos y escribe la letra correcta de los verbos en cada dibujo. ¿Qué solución encuentras?

e echarse a llorar   **e** caerse   **m** empujar   **s** echar la bronca   **e** largarse   **t** quitar   **r** preguntar

solución: _____

b Escribe una frase con la solución.

_____

c Ahora escribe un resumen del texto en tu cuaderno. Utiliza el presente.

d Tú eres Iván y les cuentas a tus amigos la bronca que tuviste ayer. Escribe la historia en el pretérito indefinido en tu cuaderno.
Empieza con: *Ayer, a la salida del insti, vinieron dos chicos y me empujaron …*

2 a Completa los crucigramas con las formas del indefinido de: estar, dar, traer y hacer. ¡Cuidado! Tú tienes que descubrir qué verbo va en cada crucigrama.

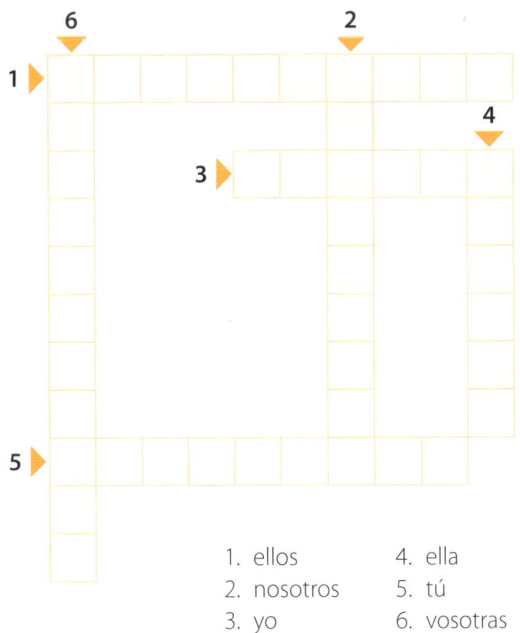

1. ellos
2. nosotros
3. yo
4. ella
5. tú
6. vosotras

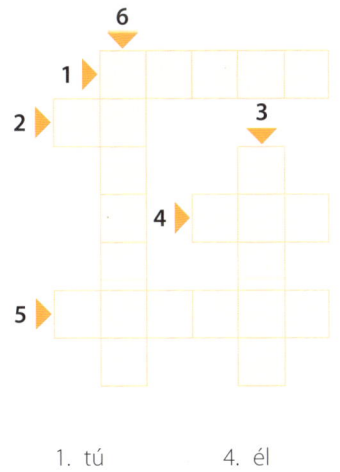

1. tú
2. yo
3. nosotros
4. él
5. ellas
6. vosotras

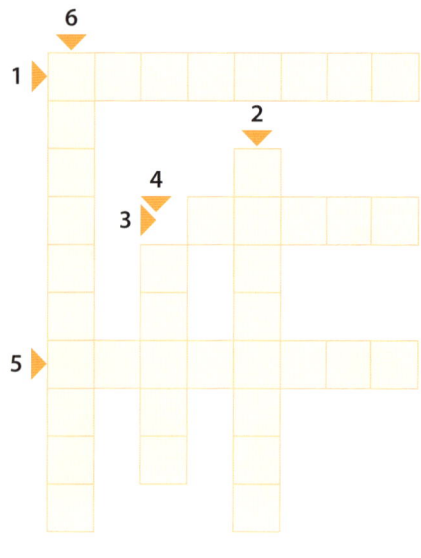

1. ellos   4. ella
2. tú   5. nosotras
3. yo   6. vosotros

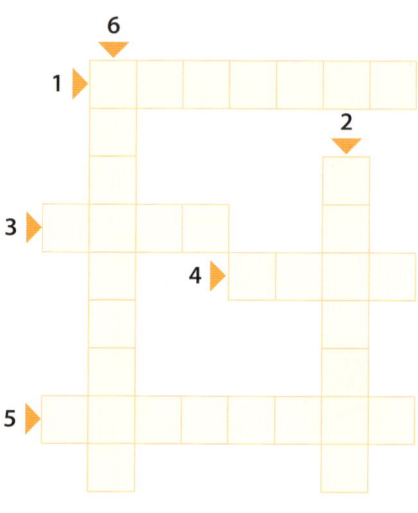

1. tú   4. yo
2. nosotros   5. ellas
3. él   6. vosotros

b Completa el juego del baloncesto, p. III con los verbos: estar (nr. 12), poner (nr. 27), dar (nr. 34), saber (nr. 42), traer (nr. 44), y hacer (nr. 50) y juega otra vez.

3 a Utiliza las palabras en el cuadro y escribe 6 preguntas en tu cuaderno para tu compañero/-a en el pretérito perfecto como en el ejemplo.

Ejemplos:
¿Ya has estado una vez en Italia?
¿Ya habéis visto la peli Piratas del Caribe III?

¿Ya has   estado en / ido a / visto   un parque de atracciones?
Guatemala?
Palma de Mallorca?
una piscina con un tobogán[1]?
un partido de fútbol del Real Madrid?
un cine en España?
pingüinos[2]?
la película [...]?
Sierra Nevada?
un concierto de [...]?
el Museo de las Ciencias en Valencia?
[...]?

1 el tobogán *Rutsche*
2 el pingüino *Pinguin*

b Contesta las preguntas de tu compañero/-a. Utiliza el pretérito perfecto o el pretérito indefinido.

Sí, estuve en … el año pasado.
Sí, fui a … hace dos años.
Sí, vi … el domingo pasado.

No, no he estado nunca en …
No, todavía no he ido a …
No, hasta ahora no he visto …

Ejemplos:
¿Ya has estado una vez en Italia? **Sí, estuve en Italia el año pasado.**
¿Ya habéis visto la peli Piratas del Caribe III? **No, todavía no la hemos visto.**

4 a ¿Qué ha pasado? Escucha y marca con una equis el dibujo que describe[1] el texto que escuchas.

29

1 describir *beschreiben*

b Elige uno de los otros dos dibujos y cuenta: ¿Qué ha pasado? Utiliza el pretérito perfecto. Escribe en tu cuaderno.

5 Haz el tándem. ►► p. 94

6 Completa el diálogo con una forma de algún / alguno / alguna o ningún / ninguno / ninguna.

Ana: ¿Conoces a _____ actriz mexicana?

Luis: No, no conozco a _____ .

Ana: ¿Y tampoco conoces a _____ actor mexicano?

Luis: Sí, sí, conozco a Gael García Bernal, pero no he visto _____ película con él.

Ana: Pues yo he visto _____. Sobre todo «Rudo y Cursi[1]» y «Diarios de Motocicleta» me gustan mucho.

Luis: ¿Ya has leído _____ cómic en español?

Ana: Sí, he leído _____. Mortadelo y Filemón me encantan.

Luis: Ah, bueno, yo no he leído _____ de Mortadelo y Filemón. ¿Me prestas _____?

1 rudo y cursi *rau und kitschig*

7 Relaciona las frases con como o con porque.

1. Hemos estado todo el día en la biblioteca. Tenemos que preparar una exposición.
2. Mi hermano siempre me ayuda en Inglés. Yo no me entero de nada.
3. No puedo ir a la plaza con vosotros. Tengo que escribir el resumen para Francés.
4. Tengo que ponerme las pilas. No quiero sacar otro suspenso en Biología.
5. Voy a tener bronca en casa. Otra vez he sacado una mala nota.
6. Tengo que empollar todo el verano. No quiero repetir el curso.

1. _____ **porque** _____

2. _____ **porque** _____

3. _____ **porque** _____

4. *Como* _____

5. *Como* _____

6 *Como* _____

8 a ¡No lo tomes al pie de la letra! | Nimms nicht wörtlich! Was bedeuten die folgenden Ausdrücke wohl wörtlich genommen? Notiere die Bedeutung, die du bereits kennst und die mögliche wörtliche Bedeutung.

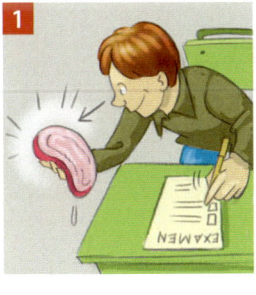

_____ _____ _____ _____

_____ _____ _____ _____

b Busca en un diccionario las palabras estallar y chispa y haz también dibujos en tu cuaderno para las expresiones: estallar de risa y tener chispa.

9 a Mira la ropa de los chicos y escribe el nombre de cada cosa.

1

2

_____

_____

_____

_____

b Escribe el contrario al lado de cada adjetivo.

rizado/-a	feo/-a	tonto/-a	delgado/-a
alto/-a	malo/-a	pesado/-a	alegre
castaño/-a	inquieto/-a	aburrido/-a	corto/-a

Ej.: inteligente	*tonto/-a*	guapo/-a	
simpático/-a, majo/-a		bajo/-a²	
tranquilo/-a		gordo/-a³	
triste¹		largo/-a	
bueno/-a		liso/-a⁴	
gracioso/-a		rubio/-a	

1 triste *traurig*   2 bajo/-a *klein*   3 gordo/-a *dick*   4 liso/-a *glatt*

10 a ¿Quién es quién? Escucha, toma apuntes y escribe los nombres de las chicas y los chicos debajo de su dibujo.

30

| Roberta | Cristina | Quique | Milena | Paz | Anabel | Felipín |

_____   _____   _____   _____   _____   _____   _____

b Elige a un/a chico/-a y descríbelo/-a en tu cuaderno. Escribe también más cosas sobre su vida: ¿dónde vive? ¿cómo es? ¿sus actividades favoritas? ¿su música favorita? ¿sus amigos? …

11 Cortad las tarjetas en la página IV y jugad al juego de las personas.

B LOS SUPERHÉROES NO LLORAN

© Okapi, 2004

1 Lee el cómic de «Ela y Potetoz» y contesta las preguntas.

1. ¿Qué problema tiene Ela?

_____

2. ¿Cómo ayuda Potetoz a Ela?

_____

3. ¿Qué cree Ela cuando llegan al instituto y dice: «no puede ser»?

_____

2 Escucha y lee las siguientes expresiones del cómic y elige la traducción correcta.

1. ¡Sal del sobre! .... Raus aus ☐ dem Bett! ☐ dem Umschlag!

2. Eres un ángel. .... Du bist ein ☐ Engel. ☐ Freund.

3. La puerta está chapada. ... Die Tür ist ☐ offen. ☐ geschlossen.

4. Es mazo de tarde. .... Es ist ☐ sehr spät. ☐ sehr früh.

5. Me la cargo. .... ☐ Ich habe es richtig gemacht. ☐ Ich habe es vermasselt.

6. Tranqui, tronca. .... ☐ Bleib ruhig! ☐ Beeil dich!

3 Mi página

Dibuja tu propio cómic sobre tu instituto. Puedes contar una historia triste[1], divertida …

1 triste *traurig*

AUTOCONTROL

1 Lee las respuestas y haz las preguntas.

¿cuándo? ¿quiénes? ¿dónde? ¿qué? ¿quién? ¿adónde?

Ejemplo: **¿Adónde fuiste en las vacaciones?** Fui a casa de mi tía en la playa.

1. _____ Carla puso la mesa ayer.

2. _____ El mes pasado estuve en Cartagena.

3. _____ Trajimos los libros de Matemáticas.

4. _____ Carlos y Rubén le dieron los apuntes a Pepa.

5. _____ Anteayer estuvimos en la piscina.

6. _____ ¿El fin de semana pasado? A casa de la abuela.

2 Completa las frases con el marcador temporal correcto.

1. _____ vivimos en Hamburgo.

   Ahora vivimos en un pueblo cerca de Hannover.

   > este verano   anoche
   > todavía no   hasta el año pasado
   > hace dos años

2. _____ han estado en América Latina.

3. _____ la película empezó a las ocho.

4. _____ estuvimos en Perú.

5. _____ hemos pasado las vacaciones en España.

3 Encuentra las formas de saber y poner en el indefinido. ¿Qué formas faltan?

Faltan: _____

4 Was sagst du, wenn …

1. … jemand Unsinn erzählt? _____

2. … du willst, dass jemand verschwindet?

   _____

3. … du der Meinung bist, dass du und deine Freunde besser weggehen solltet?

   Die Lösungen
   findest du
   S.103

   _____

AMÉRICA LATINA

¡ACÉRCATE!

1 a Escribe los nombres en los países y píntalos con diferentes colores.

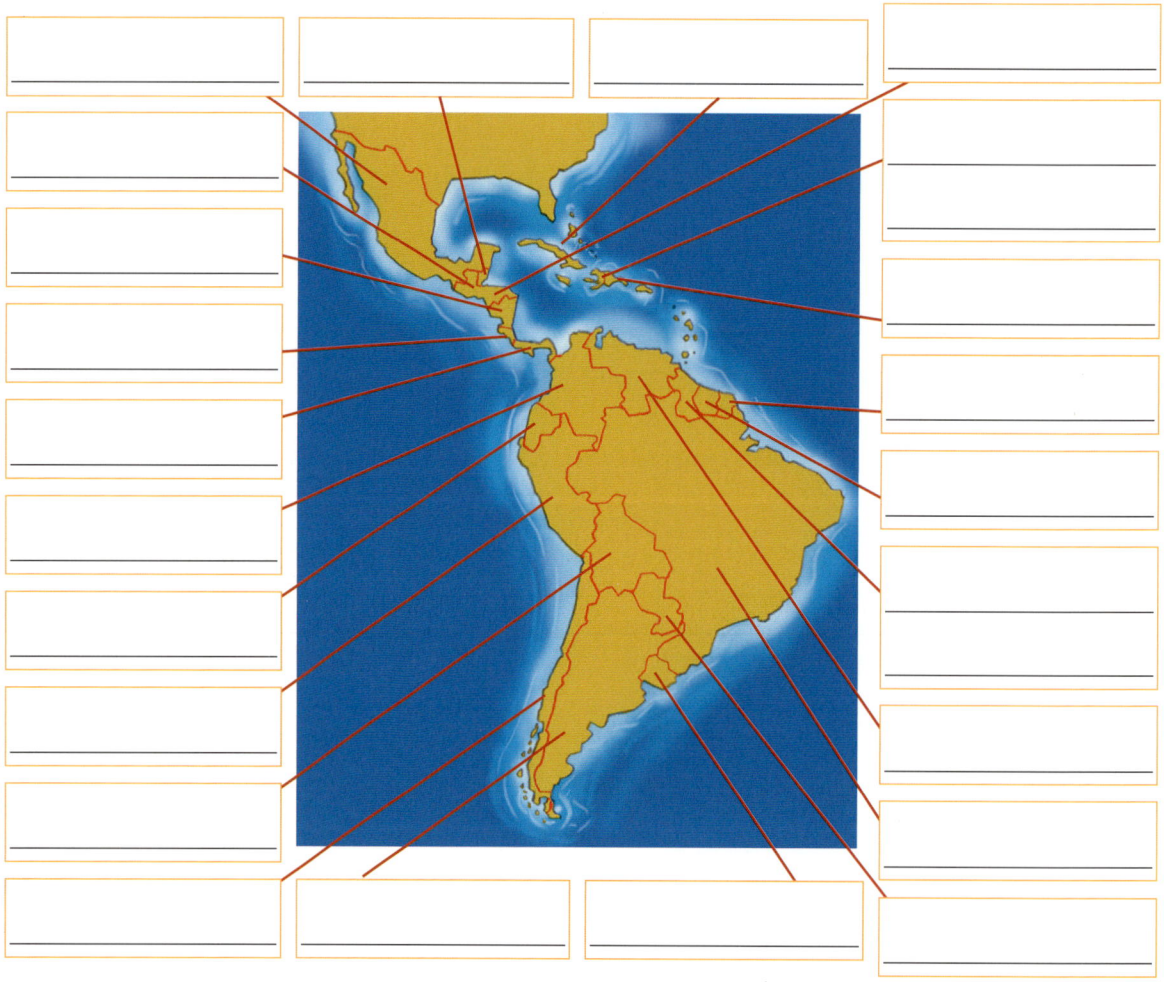

b ¿Cómo se llaman las 5 diferentes regiones de América Latina?

_____

_____

2 Lee el texto de las p.116–117 y combina.

1. [ ] Mi mamá tiene una tienda y vende de todo.

2. [ ] Necesito una hora para llegar al instituto.

3. [ ] Mi abuelo nos cuenta leyendas en quechua.

4. [ ] En las vacaciones de verano en diciembre voy

   a Patagonia.

5. [ ] Cuando vienen mis primos escuchamos

   música y bailamos.

3 ¡Ven a América Latina! Completa la información para los turistas.

1 **Si quieres ir a América Latina, …**

_____

_____

2 **Si quieres hacer un viaje por los Andes, …**

_____

_____

3 **Si quieres conocer leyendas de los incas, …**

_____

_____

4 **Si quieres practicar español, …**

_____

_____

4 Completa las frases con si o cuando.

Una clase organiza una excursión con su profesor.

Lorena: _____

hace calor ese día,

podemos ir a las

montañas.

Sergio: Pero

_____ hace frío, es mejor ir a un museo.

¿Vamos al museo del deporte?

Profesor: ¡Uhmm!

_____

visitamos un museo,

tenéis que preparar

preguntas para el guía,

¿no?

Rosa: Bueno, _____ estuvimos en el Museo

de Arte el mes pasado, preguntamos muchas cosas,

¿verdad?

Profesor: Sí, sí, más o menos …. Pero siempre

_____ visitamos algún sitio, hay alumnos

que están charlando _____ el guía está

explicando algo y eso no me gusta.

Sergio: Vale, entonces … _____ vamos al

museo del deporte, le hacemos una entrevista al

guía, ¡prometido[1]!

1 prometido *versprochen*

5 Escucha el texto y subraya la respuesta correcta.

32

1. Carla es de   a) Argentina   b) España   c) Alemania
2. Vive con   a) su hermana   b) sus abuelos   c) su familia
3. Ella está en el colegio   a) alemán   b) español   c) argentino
4. Su amiga Clara es de   a) Düsseldorf   b) Dresden   c) Darmstadt
5. En el colegio casi todos hablan   a) español   b) alemán   c) español y alemán

A ¿QUÉ TAL, CHE?

1 Lee el texto en la p. 119 y corrige las frases.

1. Elena y su madre están en casa de Felipe, el amigo de la madre, y su hija, Graciela.

_____

2. Graciela y Felipe hablan como la gente en España.

_____

3. Las vacaciones de verano en Buenos Aires empiezan en junio.

_____

4. El asado es un plato típico de Argentina con muchas verduras y patatas.

_____

5. En el sur de Patagonia, en Ushuaia, hay elefantes y poco viento.

_____

2 Completa el texto con una forma del determinante mismo y el artículo correcto.

Carla y Carlo son gemelos[1]. Siempre llevan _____

ropa: _____ jerseys y _____

pantalones. Pero como son un chico y una chica no llevan

_____ color: Carla lleva siempre algo rosa[2]

y Carlo algo azul. Los dos van a _____ guardería[3]

y tienen _____ profesoras: Marga y Margarita.

¡También son gemelas! Pero no llevan siempre

_____ cosas.

1 gemelos/-as *Zwillinge*
2 rosa *pink*
3 la guardería *Kindergarten*

3 a Completa con desde hace / hace / desde.

Graciela, la amiga de la madre de Elena, vive en Buenos Aires

_____ muchos años. Nació en Patagonia

_____ 39 años. Cuando cumplió 6 años, la familia se

fue a Buenos Aires. Graciela vive con su hijo Felipe en el centro de

Buenos Aires _____ el año pasado. _____

5 años también tienen una mascota. Es un pájaro y se llama Cucho. _____ un mes, Cucho salió por la

ventana, pero volvió un día después. _____ ese día , Felipe siempre cierra todas las ventanas.

b Escribe 6 frases sobre tu vida. Usa desde hace / hace / desde.

Ejemplos: *Desde hace un año estoy en este instituto.*
Hace 5 años empecé a jugar al balonmano.

1. _____

2. _____

3. _____

4. _____

5. _____

6. _____

4 Completa con un adverbio.

Ahora Sarah ya puede descansar _____ (tranquilo) en casa. Está contenta, porque ha

preparado _____ (bueno) su exposición para el instituto. Es sobre Europa y ahora ella conoce

_____ (perfecto) todas las capitales europeas. Después juega _____

(alegre) un rato con su perro Sami. Sarah sale _____ (normal) una hora por la tarde a pasear

con su perro, pero hoy ha tenido que estudiar y por eso _____ (probable) ha esperado toda

la tarde.

5 Elena todavía está en Argentina y les escribe otro correo a sus amigos. Completa las frases con el adverbio
correcto.

> actual   estupendo   tranquilo   atento   completo

Asunto: Adiós Buenos Aires

Hola chicos, ya hemos vuelto de Ushuaia, en Patagonia. Como ya sabéis, nos entendemos

_____ con los pingüinos ;-) Regresamos _____ con el

avión el lunes pasado. _____ estamos en Buenos Aires otra vez y disfruto

_____ de todo, porque sólo tenemos 5 días más aquí. Esta mañana he paseado

_____ por las calles y plazas. ¡Me gustaría volver algún día!

Nos vemos en Alicante,

Elena

6 a Tus padres te preguntan muchas cosas. Completa las preguntas con ¿para qué? o ¿por qué?.

1. ¿_____ no has hecho tus deberes todavía?

2. ¿_____ necesitas tanta ropa?

3. ¿_____ necesitas más paga?

4. ¿_____ sales todos los viernes?

5. ¿_____ no quieres ayudar en la cocina?

6. ¿_____ necesitas un móvil nuevo?

b Ahora contesta las preguntas de **a** en tu cuaderno.

B DETALLES DE ARGENTINA

Mafalda.

© Quino: Mafalda 9. Buenos Aires: Ediciones de la Flor 2000

la disparidad de criterios *etwa: zuviele unterschiedliche Kriterien*

ser chico *hier: klein / jung sein*

la ventaja *Vorteil*

adem … *además …*

1 Lee los cómics, elige una de las siguientes tareas y escribe en tu cuaderno:

cómic 1	cómic 2
Escribe otro texto para el último dibujo.	Escribe las ventajas [1] y las desventajas [2] de «ser chico» según tu opinión.

ventajas / desventajas

[•••]   [•••]

1 la ventaja *Vorteil*
2 la desventaja *Nachteil*

2 Busca a los / las chicos/-as en tu clase que han elegido la misma tarea. Comparad vuestros resultados.

3 Mi página

¿Te sientes a veces como los chicos en los cómics? ¿Sí? ¿No?¿Por qué? Explica y escribe un pequeño texto.

AUTOCONTROL

1 Escribe frases con tan … que como en el ejemplo.

Ejemplo: perro – ser / viejo / pasear mucho rato: **Mi perro es tan viejo que no puede pasear mucho rato.**

1. instituto – estar / lejos / ir a pie

   _____

2. esa chica – ser / pesado / hablar con ella

   _____

3. yo – estar / enfermo/-a / ir a clases

   _____

4. mis amigos – ser / activo / quedarse en casa los fines de semana

   _____

5. Buenos Aires – ser / grande / perderse fácilmente

   _____

6. ese móvil – ser / caro / poder comprar con mi paga

   _____

2 Completa con desde / desde hace / hace.

Hola, me llamo Pablo. _____ el año pasado vivo aquí en Buenos Aires con mis padres, mi

hermano Julio y mi hermana Milena. Ella es la menor y nació _____ dos años.

_____ tres meses vivimos en una calle más o menos en el centro. Es muy bonita y nos gusta

mucho vivir aquí. _____ una semana vinieron mis primos y se quedaron unos días con

nosotros. Fuimos al cine y a las playas cerca de Buenos Aires. _____ entonces conozco mucho

mejor esas playas.

3 El día de Marga: Completa las frases con un adjetivo o un adverbio.

Marga es una chica _____ (simpático). Siempre se levanta _____

(alegre) y desayuna _____ (tranquilo) con su hermana y sus padres. Después

va al instituto en un autobús muy _____ (grande) que casi siempre está

_____ (lleno). En el instituto encuentra a su amiga Clara que

_____ (normal) llega un poco más _____ (temprano),

porque va con otro autobús. Clara es de Francia, pero habla muy _____ (bueno)

español.

Die Lösungen findest du S. 103 u. S. 104

MI PORTAFOLIO DE ESPAÑOL

Nombre: _____

Apellido: _____

Fecha de nacimiento: _____

Mi dirección: _____

_____

Mi instituto: _____

Mi clase: _____

Aprendo español desde: _____

Mi profesor/a de español se llama: _____

_____

Otros idiomas que aprendo: _____

_____

En casa hablo: _____

Con mis amigos hablo: _____

Meine Tricks beim Spanischlernen:

So merke ich mir Wörter:	immer	manchmal	nie
Ich lege mir eine Vokabelkartei/Verbkartei an.	☐	☐	☐
Ich überlege mir, ob ich „verwandte" Wörter kenne.	☐	☐	☐
Ich bilde eigene Sätze mit den neuen Wörtern.	☐	☐	☐
Ich erstelle Vokabelnetze.	☐	☐	☐

So wiederhole ich Grammatik:			
Ich arbeite mit dem „Resumen de gramática" und mit den „Repaso"-Seiten in meinem Schülerbuch.	☐	☐	☐
Ich denke mir selbst Übungen dazu aus.	☐	☐	☐
Ich wiederhole Übungen aus dem Cuaderno de ejercicios und aus dem Schülerbuch.	☐	☐	☐
Ich merke mir die Lerntipps im Grammatikheft.			

So erschließe ich mir Texte:			
Ich lese sie zwei- bis dreimal durch.	☐	☐	☐
Ich achte zunächst auf die Überschrift, auf Bilder und Fotos und überlege mir, was das Thema des Textes sein könnte.	☐	☐	☐
Ich überlege mir die Antworten auf Fragen wie: wer?, wo?, wann?, wie? und warum?	☐	☐	☐
Ich suche nach bekannten Wörtern oder Wörtern, die ich aus dem Deutschen oder einer anderen Sprache kenne.	☐	☐	☐

So korrigiere ich meine eigenen Texte:			
Ich lese sie mehrmals durch und achte jedes Mal auf eine bestimmte Sache.	☐	☐	☐
Bei jedem Satz überlege ich, ob ich an alle Angleichungen gedacht habe.	☐	☐	☐
Bei jedem Satz überprüfe ich, ob ich die richtige Verbform benutzt habe.	☐	☐	☐
Wenn ich mir über die Schreibweise, die Bedeutung oder das Geschlecht eines Wortes im Unklaren bin, schlage ich im Anhang des Schülerbuches nach.	☐	☐	☐

AUTOEVALUACIÓN

Wie gut kannst du diese Tätigkeiten?
Markiere die Kästchen:

■□□ Kann ich **noch nicht so gut.**

■■□ Kann ich schon **gut.**

■■■ Kann ich **sehr gut.**

El mundo del español

Ich weiß …

- □□□ … etwas über die verschiedenen Regionen Spaniens.
- □□□ … wie die Länder und die Hauptstädte Zentralamerikas heißen.
- □□□ … wie die verschiedenen Regionen Lateinamerikas heißen.
- □□□ … etwas über die Besonderheiten in Argentinien.
- □□□ … etwas über die geographische Lage Argentiniens.
- □□□ … etwas über das Leben von Schülern in Nicaragua.
- □□□ … etwas über das Baskenland und seine Sprache.
- □□□ … was La ciudad de Las Artes y las Ciencias ist.
- □□□ … was EL Parque Nacional Tortuguero ist.
- □□□ … was ein quetzal ist.
- □□□ … wie Schildkröten ihren Weg ins Meer finden.
- □□□ … etwas über Feiertage und Feste in Spanien.
- □□□ … wer Juanes, Paul Gasol und Manuel Patorro sind.
- □□□ … was eine ONG ist.
- □□□ … wer Goya ist.

Yo hablo y yo sé …

Ich spreche und ich kann…

- □□□ … über Sportarten sprechen.
- □□□ … sagen, was mir gefällt und was mir nicht gefällt.
- □□□ … sagen, was ich gerade tue.
- □□□ … über das Leben im Ferienlager sprechen.
- □□□ … jemanden nach dem Weg fragen.
- □□□ … jemandem einen Weg mit Hilfe eines Stadtplans beschreiben.
- □□□ … jemanden um Hilfe bitten.

- □□□ … über das Wetter sprechen.
- □□□ … Landschaften beschreiben.
- □□□ … zum Arzt gehen und sagen, was mir weh tut.
- □□□ … über Vergangenes berichten.
- □□□ … meinen Tagesablauf beschreiben.
- □□□ … über Berufswünsche sprechen.
- □□□ … jemanden um einen Gefallen bitten.
- □□□ … über die Bestandteile eines Computers reden.
- □□□ … in einem spanischen Restaurant etwas bestellen.
- □□□ … ein Interview vorbereiten und durchführen.
- □□□ … Texte mündlich zusammenfassen.

Yo escucho y yo sé …

Ich höre und ich kann …

- □□□ … eine Wegbeschreibung verstehen.
- □□□ … eine Personenbeschreibung verstehen.
- □□□ … einen Wetterbericht verstehen.
- □□□ … ein Telefongespräch führen.
- □□□ … das Thema eines kurzen Gespräches verstehen, auch wenn ich nicht alle Wörter kenne.
- □□□ … CD-Aufnahmen zum Lehrwerk folgen.

Yo escribo y yo sé …

Ich schreibe und ich kann …

- □□□ … eine E-Mail schreiben.
- □□□ … einen Blog schreiben.
- □□□ … einen Text über meine Freizeitaktivitäten schreiben.
- □□□ … einige Fehler selbst korrigieren.
- □□□ … Werbeslogans schreiben.

Yo leo y yo sé …

Ich lese und ich kann …

- □□□ … kurze Originaltexte verstehen.
- □□□ … Comics verstehen.
- □□□ … Schlüsselbegriffe in einem Text finden.
- □□□ … ein Wörterbuch benutzen.
- □□□ … Wörter umschreiben.
- □□□ … Wortfamilien erkennen und bilden.
- □□□ … einen Abschnitt aus einem Jugendroman verstehen.

Tándem Unidad 1

Mit diesem Tandembogen arbeitet ihr zu zweit.
*Eine/r von euch ist **Alumno/-a A**, der/die andere **Alumno/-a B**.*
Ihr faltet das Blatt in der Mitte, so dass jede/r von euch nur seine/ihre Spalte sehen kann.
*Alumno/-a A **fängt an**, eine Frage zu stellen, die **Alumno/-a B** richtig beantworten muss. Danach fragt **Alumno/-a B** und*
***Alumno/-a A** antwortet.*

Con este tándem practicas **estar** + gerundio.

Mira el dibujo: ¿Cómo se llama el chico / la chica que está …?
Ejemplo: ¿Cómo se llama la chica que **está escribiendo** una carta?
La chica que **está escribiendo** una carta se llama **Ángela**.

Alumno/-a A	Alumno/-a B

Alumno/-a A

Alumno/-a B

A: ¿Cómo se llama el chico que (dormir)?

B: … se llama **Manolo**. ¿Cómo se llama la chica que **está comiendo** pescado?

A: … se llama …. ¿Cómo se llama el chico que (bailar)?

B: … se llama **Carlos**. ¿Cómo se llama el chico que **está escuchando** música?

A: … se llama …. ¿Cómo se llama la chica que (leer) un libro?

B: … se llama **Alina**. ¿Cómo se llama la chica que **está hablando** con el móvil?

A: … se llama …. ¿Cómo se llama la chica que (cantar)?

B: … se llama **Nuria**. ¿Cómo se llaman los chicos que **están jugando** al voleibol?

A: … se llaman …. ¿Cómo se llama la chica que (escribir) un mensaje?

B: … se llama **Puri**. ¿Cómo se llama el chico que **está contando** un chiste?

A: _____

B: _____

A: ¿Cómo se llama el chico que **está durmiendo**?

B: … Se llama …. ¿Cómo se llama la chica que (comer) pescado?

A: … se llama **Elena**. ¿Cómo se llama el chico que **está bailando**?

B: … se llama …. ¿Cómo se llama el chico que (escuchar) música?

A: … se llama **Aitor**. ¿Cómo se llama la chica que **está leyendo** un libro?

B: … se llama …. ¿Cómo se llama la chica que (hablar) con el móvil?

A: … se llama **Luz**. ¿Cómo se llama la chica que **está cantando**?

B: … se llama …. ¿Cómo se llaman los chicos que (jugar) al voleibol?

A: … se llaman **Nina y Miguel**. ¿Cómo se llama la chica que **está escribiendo** un mensaje?

B: … se llama …. ¿Cómo se llama el chico que (contar) un chiste?

A: _____

B: _____

Tándem Unidad 2

Mit diesem Tandembogen arbeitet ihr zu zweit.
*Eine/r von euch ist **Alumno/-a A**, der/die andere **Alumno/-a B**.*
Ihr faltet das Blatt in der Mitte, so dass jede/r von euch nur seine/ihre Spalte sehen kann.
***Alumno/-a A** fängt an, eine Frage zu stellen, die **Alumno/-a B** richtig beantworten muss. Danach fragt **Alumno/-a B** und*
***Alumno/-a A** antwortet. Nach einem Durchgang wechselt ihr.*

Alumno/-a A	Alumno/-a B
A: ¿A qué hora [•••] (levantarse)?	**A:** ¿A qué hora **te levantas**?
B: Me levanto a las …	**B:** [•••] (levantarse) a las …
A: ¿[•••] (ducharse) por la mañana?	**A:** ¿**Te duchas** por la mañana?
B: Sí, **me ducho** siempre todas las mañanas.	**B:** Sí, [•••] (ducharse) siempre todas las mañanas.
A: ¿Qué desayunas?	**A:** ¿Qué desayunas?
B: Desayuno pan con queso / un bocadillo con queso y un vaso de leche.	**B:** [•••] (desayunar) 
A: ¿A qué hora [•••] (irse) al instituto?	**A:** ¿A qué hora **te vas** al instituto?
B: Me voy a las …	**B:** Me voy a las …
A: ¿Desde qué hora hasta qué hora tienes clase?	**A:** ¿Desde qué hora hasta qué hora tienes clase?
B: Tengo clase desde las **ocho** hasta la **una y diez**.	**B:** [•••] (tener) clase  desde ___ ___ hasta ___ ___ .
A: En el instituto, ¿siempre [•••] (ponerse) zapatos?	**A:** En el instituto, ¿siempre **te pones** zapatos?
B: No, no **me pongo** zapatos. Siempre llevo camisetas y zapatillas de deporte.	**B:** No, no [•••] (ponerse) zapatos. Siempre llevo camisetas y zapatillas de deporte.
A: ¿Tienes que hacer muchos deberes?	**A:** ¿Tienes que hacer muchos deberes?
B: Más o menos, también tengo tiempo para descansar. A veces no **me acuerdo** de los ejercicios …	**B:** Más o menos, también tengo tiempo para descansar. A veces no [•••] (acordarse) de los ejercicios…
A: Y, ¿ [•••] (ponerse) nervioso/-a?	**A:** Y, ¿**te pones** nervioso/-a?
B: A veces sí, porque mi profe de historia es muy estricto[1].	**B:** A veces sí, porque mi profe de historia es muy estricto.
1 estricto/-a *streng*	**1** estricto/-a *streng*
A: _____	**A:** _____
B: _____	**B:** _____

Tándem Unidad 3

Vosotros ya sabéis como trabajar con un tándem. ¿No lo recordáis? Leed entonces otra vez la información en la página 88.

¿Qué tiempo hace …?

Alumno/-a A

¿Qué tiempo hace …

A: … en Bilbao?

B: En Bilbao hace mal tiempo, hay nubes, pero no está lloviendo.

A: … en Ciudad Real?

B: En Ciudad Real hace sol.

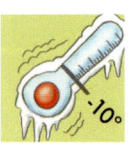

A: … en Santiago de Compostela?

B: En Santiago de Compostela hay nubes y está lloviendo.

A: … en los Pirineos?

B: En los Pirineos hace mucho frío.

A: … en Palma de Mallorca?

B: En Palma de Mallorca hay nubes, pero hace sol.

Dibuja aquí un símbolo.

Alumno/-a B

¿Qué tiempo hace …

B: … en Badajoz?

A: En Badajoz hace buen tiempo.

B: … en Madrid?

A: En Madrid hace mucho frío.

B: … en Alicante?

A: En Alicante hace sol y hace mucho calor.

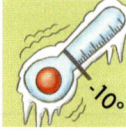

B: … en la Sierra de Grazalema?

A: En la Sierra de Grazalema hay tormenta y está lloviendo.

B: … en Ceuta?

A: En Ceuta hace mucho calor.

Dibuja aquí un símbolo.

Tándem Unidad 5

Tu compañero/-a y tú organizáis una exposición en la clase.
Con este ejercicio practicas los pronombres de complemento directo.

Alumno/-a A

A: ¿Quién tiene los carteles?

B: **Los** tengo yo.

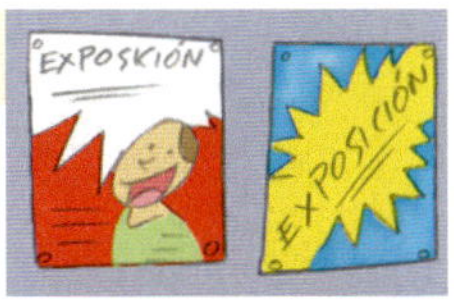

A: Bueno, ¿[•••] cuelgas en la pared y [•••] (a mí) ayudas con las fotos? ¿Y tú puedes llevar los mapas a la otra sala, por favor?

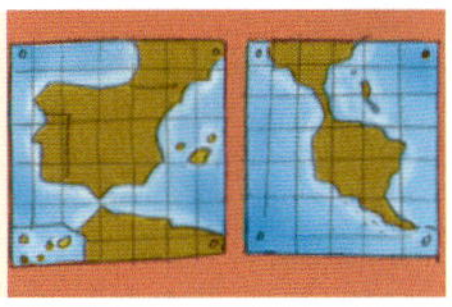

B: No, no puedo **llevarlos** / no **los** puedo llevar, porque estoy esperando a un compañero. ¿**Los** llevas tú?

A: ¡Vale! Yo [•••] llevo.
Y la música, ¿quién ha buscado la música?

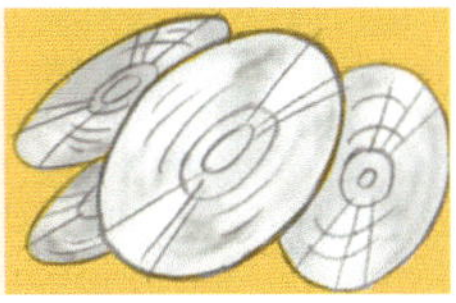

B: Claudia **la** ha preparado.
¿Y tú ya has escrito el programa?

A: No, pero Carmen y Ana [•••] han escrito. Por cierto[1], ¿has visto a Carmen y Ana?

1 Por cierto *übrigens*

B: No, no **las** he visto.

A: ¿Quién va a leer los cuentos para niños?

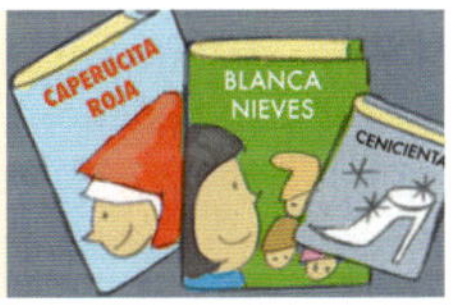

B: **Los** va a leer / Va a **leerlos** la madre de Martín.
¿Y tú ya has preparado la comida?

A: No, no tengo ganas de preparar[•••].
¡Prepára[•••] tú!, por favor.

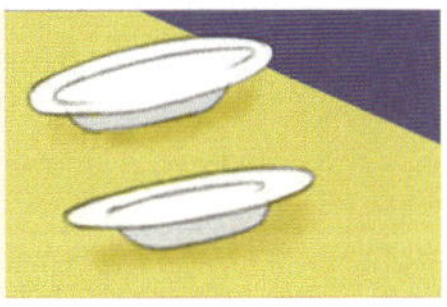

B: ¡Vale!, pero … ¿y las bebidas? Entonces tú **las** llevas a la cocina, vale?

A: Está bien, yo [•••] hago.

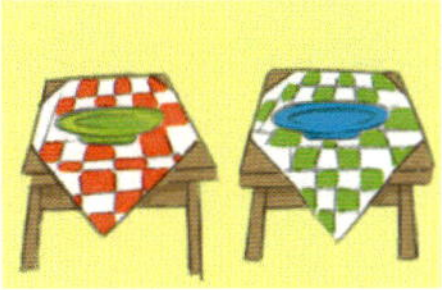

B: Y tampoco tengo ganas de poner las mesas. ¡Pon**las** tú!

B: ______________________________

A: ______________________________

Alumno/-a B

A: ¿Quién tiene los carteles?

B: [•••] tengo yo.

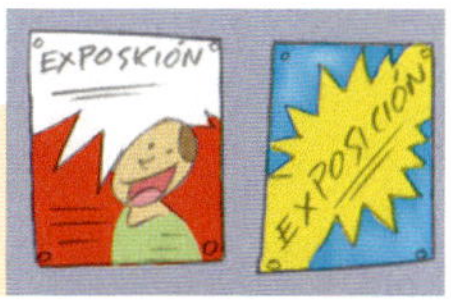

A: Bueno, ¿**los** cuelgas en la pared y **me** ayudas con las fotos? ¿Y tú puedes llevar los mapas a la otra sala, por favor?

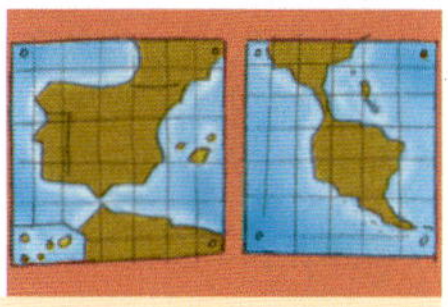

B: No, no puedo llevar[•••] / no [•••] puedo llevar, porque estoy esperando a un compañero. ¿[•••] llevas tú?

A: ¡Vale! Yo **los** llevo.
Y la música, ¿quién ha buscado la música?

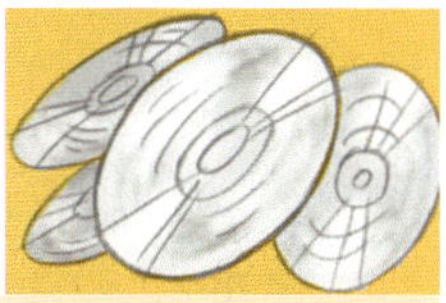

B: Claudia [•••] ha preparado. ¿Y tú ya has escrito el programa?

A: No, pero Carmen y Ana **lo** han escrito. Por cierto[1], ¿has visto a Carmen y Ana?

1 Por cierto *übrigens*

B: No, no [•••] he visto.

A: ¿Quién va a leer los cuentos para niños?

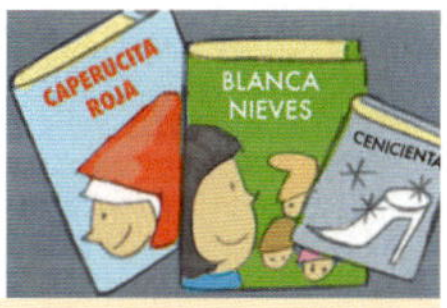

B: [•••] va a leer / Va a leer[•••] la madre de Martín.
¿Y tú ya has preparado la comida?

A: No, no tengo ganas de preparar**la**.
¡Prepára**la** tú!, por favor.

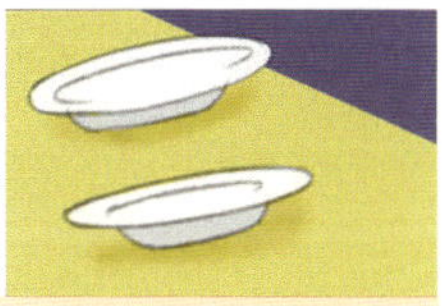

B: ¡Vale!, pero … ¿y las bebidas? Entonces tú [•••] llevas a la cocina, ¿vale?

A: Está bien, yo **lo** hago.

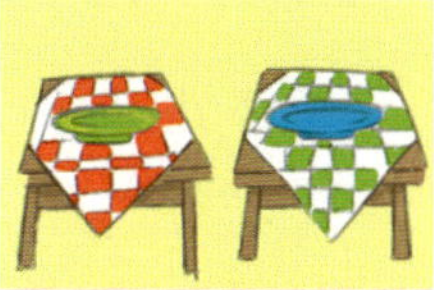

B: Y tampoco tengo ganas de poner las mesas. ¡Pon[•••] tú!

B: ______________________________

A: ______________________________

Tándem Unidad 6

Vosotros ya sabéis como trabajar con un tándem. ¿No os acordáis? Leed entonces otra vez la información en la página 88. Con este tándem practicas el pretérito indefinido.

La exposición en la asociación juvenil

<table>
<tr><td>

Alumno/-a A

A: ¿Qué tal tu fin de semana? ¿(pasar) algo interesante?

B: Sí, **pasaron** muchas cosas.

A: Y, ¿(ir/ tú) a la exposición de la asociación juvenil?

B: Sí, Carlos y yo **fuimos** juntos.

A: ¿Y qué tal? ¿Qué (pasar)?

B: **Fue** muy interesante, pero al final yo **terminé** un poco cansado/-a.

A: ¿Cansado/-a? La exposición no (ser) muy larga, ¿o sí?

B: No, pero **empezó** muy tarde. Mira, primero nosotros **tomamos** el autobús hasta el centro. Después **fuimos** a pie a la asociación juvenil y **esperamos** una hora en la cola antes de entrar.

A: ¡Vaya caos! ¡Qué suerte que yo no (ir). Mi prima Marta y yo (ir) al museo de los libros. (Ser) muy divertido.

B: ¿**Comprasteis** muchos libros en el museo?

A: No, yo no (comprar) nada. Los libros allí son muy caros. Pero (visitar/nosotras) todo el museo y después (ir) al «Laboratorio de las palabras». El guía nos (explicar) un montón de cosas. A mí me (gustar) mucho.

B: ¿Y sabes qué **pasó** cuando **terminó** la exposición en la asociación juvenil? Yo **fui** a los servicios y cuando **llegué** a la sala **busqué** a Carlos, pero no lo **encontré**.

A: ¿Por qué no lo (llamar) a su móvil?

B: Sí, lo **llamé**, pero su móvil no **sonó** o él no lo **escuchó** No sé qué **pasó**.

A: _____

B: _____

A: _____

B: _____

</td><td>

Alumno/-a B

A: ¿Qué tal tu fin de semana? ¿**Pasó** algo interesante?

B: Sí, (pasar) muchas cosas.

A: Y, ¿**fuiste** a la exposición de la asociación juvenil?

B: Sí, Carlos y yo (ir) juntos.

A: ¿Y qué tal? ¿Qué **pasó**?

B: (ser) muy interesante, pero al final yo (terminar) un poco cansado/-a.

A: ¿Cansado/-a? La exposición no **fue** muy larga, ¿o sí?

B: No, pero (empezar) muy tarde. Mira, primero nosotros (tomar) el autobús hasta el centro. Después (ir) a pie a la asociación juvenil y (esperar) una hora en la cola antes de entrar.

A: ¡Vaya caos! ¡Qué suerte que yo no **fui**. Mi prima Marta y yo **fuimos** al museo de los libros. **Fue** muy divertido.

B: ¿(comprar / vosotras) muchos libros en el museo?

A: No, yo no **compré** nada. Los libros allí son muy caros. Pero **visitamos** todo el museo y después **fuimos** al «Laboratorio de las palabras». El guía nos **explicó** un montón de cosas. A mí me **gustó** mucho.

B: ¿Y sabes que (pasar) cuando (terminar) la exposición en la asociación juvenil. Yo (ir) a los servicios y cuando (llegar) a la sala (buscar) a Carlos, pero no lo (encontrar).

A: ¿Por qué no lo **llamaste** a su móvil?

B: Sí, lo (llamar), pero su móvil no (sonar) o él no lo (escuchar). No sé qué (pasar).

A: _____

B: _____

A: _____

B: _____

</td></tr>
</table>

Tándem Unidad 8

Vosotros ya sabéis como trabajar con un tándem. ¿No os acordáis? Leed entonces otra vez la información en la página 88.
Con este ejercicio practicas los tiempos verbales pretérito perfecto y pretérito indefinido.

Alumno/-a A	Alumno/-a B

A: Hola, ¿ya _____ (estar / tú) en Bilbao?

A: Hola, ¿ya **has estado** en Bilbao?

B: Hola. Sí, yo **fui** el año pasado con mis tíos y mis primos. **Visitamos** el museo Guggenheim.

B: Hola. Sí, yo _____ (ir) el año pasado con mis tíos y mis primos. _____ (visitar / nosotros) el Museo Guggenheim.

A: ¿El museo Guggenheim? ¡Qué interesante!

Y ¿te _____ (gustar)?

A: ¿El museo Guggenheim? ¡Qué interesante! Y ¿te **gustó**?

B: Sí, me **gustó** mucho. ¿Tú también **has estado** allí alguna vez?

B: Sí, me _____ (gustar) mucho.¿Tú también _____ (estar) allí alguna vez?

A: No, no lo conozco. Sólo _____ (ver) fotos del museo en una revista de la región. Dime, ¿_____ (ir / tú) también a la playa en el País Vasco el año pasado?

A: No, no lo conozco. Sólo **he visto** fotos del museo en una revista de la región. Dime, **fuiste** también a la playa en el País Vasco el año pasado?

B: Sí, **fui** con mis primos y **nadamos** mucho.

B: Sí, _____ (ir / yo) con mis primos y _____ (nadar / nosotros) mucho.

A: Pero vosotros todavía no _____ (estar), en San Sebastián, ¿verdad?

A: Pero vosotros todavía no **habéis estado** en San Sebastián, ¿verdad?

B: No, nunca **hemos estado** allí.

B: No, nunca _____ (estar) allí.

A: ¿Y Andalucía? Allí sí _____ (viajar / tú), ¿no?

A: ¿Y Andalucía? Allí sí **has viajado**, ¿no?

B: Sí, **visité** a mi amigo Jorge que vive en Cádiz una vez yo solo sin mis padres. **Fue** genial.

B: Sí, _____ (visitar / yo) a mi amigo Jorge que vive en Cádiz una vez yo solo sin mis padres. _____ (ser) genial.

A: ¡Sin tus padres! ¿Y ellos qué _____ (decir)?

A: ¡Sin tus padres! ¿Y ellos qué **dijeron**?

B: Nada. Los padres de mi amigo Jorge **tuvieron** que hablar con ellos y mis padres me **dejaron** ir. **Me quedé** dos semanas.

B: Nada. Los padres de mi amigo Jorge _____ (tener) que hablar con ellos y mis padres me _____ (dejar) ir. _____ (quedarse) dos semanas.

A: ¡Qué guay! Yo también quiero hacer vacaciones sin mis padres.

A: ¡Qué guay! Yo también quiero hacer vacaciones sin mis padres.

Tándem Unidad 9

Vosotros ya sabéis como trabajar con un tándem. ¿No os acordáis? Leed entonces otra vez la información en la página 88.
Con este ejercicio practicas el pretérito perfecto y el pretérito indefinido.

<table>
<tr>
<td>

Alumno/-a A

A: ¿Dónde _____ (estar) ayer por la mañana?

No te _____ (ver) en el autobús. ¿Qué _____ (hacer)?

B: Ah, sí, es verdad. Es que ayer no **cogí** el autobús. **Fui** al instituto en bicicleta.

A: ¡Ah, vale! Y ¿qué tal el examen de Mates? Lo

_____ (escribir) ayer, ¿no?

B: No, ayer no **tuvimos** Mates, sólo Alemán e Inglés. En Inglés **escribimos** un examen muy difícil, y en la clase de Alemán yo **preparé** un resumen. Después lo **leí** en clase y al final le **di** el resumen al profe.

A: ¿Y qué _____ (decir) el profesor cuando lo

_____ (ver)?

B: A mí me **dio** mucho corte hablar frente a la clase, pero al profe le **gustó** mucho mi resumen y me **puso** un notable.

A: ¿Qué? El profe de Alemán te _____ (poner) un notable otra vez. ¡Qué empollona eres!

B: ¡Qué exagerado! En Alemán tengo que ponerme las pilas. Ya **he sacado** un suspenso este año y si saco otro, voy a tener que preparar las recuperaciones en septiembre.

A: ¡Vale, vale! Yo también _____ (tener) algunos suspensos este año. Seguro que tengo que empollar todo el verano.

B: _____

A: _____

</td>
<td>

Alumno/-a B

A: ¿Dónde **estuviste** ayer por la mañana? No te **vi** en el autobús. ¿Qué **hiciste**?

B: Ah, sí, es verdad. Es que ayer no _____ (coger)

el autobús. _____ (ir) al instituto en bicicleta.

A: ¡Ah, vale! Y ¿qué tal el examen de Mates? Lo **escribiste** ayer, ¿no?

B: No, ayer no _____ (tener / nosotros) Mates, sólo Alemán e Inglés. En Inglés

_____ (escribir) un examen

muy difícil, y en la clase de Alemán yo _____ (preparar) un resumen. Después lo _____ (leer) en

clase y al final le _____ (dar) el resumen al profe.

A: ¿Y qué **dijo** el profesor cuando lo **vio**?

B: A mí me _____ (dar) mucho corte hablar frente a la

clase, pero al profe le _____ (gustar) mucho

mi resumen y me _____ (poner) un notable.

A: ¿Qué? El profe de Alemán te **puso** un notable otra vez. ¡Qué empollona eres!

B: ¡Qué exagerado! En Alemán tengo que ponerme las

pilas. Ya _____ (sacar) un suspenso este año y si saco otro, voy a tener que preparar las recuperaciones en septiembre.

A: ¡Vale, vale! Yo también **he tenido** algunos suspensos este año. Seguro que tengo que empollar todo el verano.

B: _____

A: _____

</td>
</tr>
</table>

JUGAR UN PAPEL | EINE ROLLE SPIELEN

Alumno/-a A

Unidad 1, ejercicio 14, p. 6

Deine Freundin / dein Freund ist in einem Ferienlager; du rufst sie / ihn von Zuhause an.

1. Du sagst deiner Freundin / deinem Freund hallo und fragst wie das Ferienlager ist.
2. Du sagst, dass es dir gut geht und dass du gleich mit Patricia ins Kino gehst. Du hörst Tellerklappern im Hintergrund und fragst deine Freundin / deinen Freund, was sie / er gerade tut.
3. Du fragst, wie die Jungen / die Mädchen im Ferienlager so sind.
4. Du versuchst, deine Freundin / deinen Freund zu beruhigen und sagst, dass sie / er ja bald wieder zuhause ist.
5. Du verabschiedest dich. Bis bald.

Unidad 2, ejercicio 10, p. 14

Du befindest dich in einer unbekannten Stadt und fragst nach dem Weg.

1. Entschuldige dich und frage, ob er / sie weiß, wo das Kino „Alfalfa" ist.
2. Du bedankst dich und fragst, ob es weit ist.
3. Du möchtest gerne wissen, welcher Bus zum Kino fährt und wo die Bushaltestelle[1] ist.
4. Du bedankst und verabschiedest dich.

   1 Bushaltestelle *la parada de autobuses*

Unidad 3, ejercicio 10, p. 23

Du hast mit Freunden in Spanien eine Fahrradtour gemacht. Jetzt hast du Schmerzen im Bein. Du bist nun in einer Arztpraxis und …

1. Du betrittst das Zimmer und begrüßt den Arzt / die Ärztin.
2. Du sagst, dass dein linkes Bein weh tut und dass du Kopfschmerzen hast.
3. Du erklärst, dass du mit deinen Freunden einen Ausflug mit dem Rad gemacht hast. Es war sehr heiß.
4. Du fragst, ob du auch Krücken tragen musst.
5. Du bedankst dich, weil der Arzt / die Ärztin dir den Verband angelegt hat und verabschiedest dich.

Unidad 4, ejercicio 3, p. 29

Tu eres el padre / la madre y no estás de acuerdo con tu hijo/-a que escucha música muy alta.

1. Du sagst deinem/-r Sohn / Tochter, dass er / sie zu laut Musik hört und diese leiser stellen soll (bajar la música).
2. Du sagst, dass die Schwester für eine Klassenarbeit lernen muss und so nicht lernen kann.
3. Du sagst, dass das Lernen für eine Klassenarbeit wichtiger ist als Musikhören und dass dein/e Sohn / Tochter auch leiser Musik hören kann.
4. Du verneinst und sagst, dass jetzt Schluss ist.

JUGAR UN PAPEL | EINE ROLLE SPIELEN

Alumno/-a B

Unidad 2, ejercicio 10, p. 14

Jemand spricht dich an und fragt nach dem Weg. Du erklärst den Weg. Dein/e Partner/in beginnt.

1. Sage, dass du weißt, wo das Kino „Alfalfa" ist. Der Weg ist einfach. Er/sie muss diese Straße überqueren und die Avenida Murcia geradeaus entlanggehen. Dann muss er/sie die dritte Straße rechts abbiegen. Dort liegt das Kino auf der linken Seite.
2. Du antwortest, dass es nicht weit ist, nur etwa 15 Minuten. Man kann aber auch den Bus nehmen.
3. Du sagst, dass der Bus Nr. 8 zum Kino fährt. Die Bushaltestelle[1] ist in der Avenida Murcia gegenüber.
4. Du sagst „gern geschehen" und verabschiedest dich auch.　　1 Bushaltestelle *la parada de autobuses*

Unidad 1, ejercicio 14, p. 6

Du bist in einem Ferienlager und eine spanische Freundin/ein spanischer Freund ruft dich von Zuhause an.

1. Du sagst hallo und erzählst, dass das Ferienlager super ist und fragst, wie es ihr/ihm geht.
2. Du sagst, dass du im Speisesaal bist und dass du gerade die Tische deckst. Du erklärst, dass ihr alle mithelfen müsst.
3. Du berichtest, dass alle sehr nett sind, aber da ist ein Junge/ein Mädchen, der/das total nervt. Den ganzen Tag erzählt er/sie Unsinn und du bist sauer.
4. Du erwiderst, dass es so schlimm auch wieder nicht ist. Du verbringst eine gute Zeit.
5. Du verabschiedest dich. Bis bald.

Unidad 4, ejercicio 3, p. 29

Tu eres el hijo/la hija y escuchas tu música favorita muy alta.

1. Du antwortest, dass du diese Musik nur so laut hören kannst. Denn so hört sie sich am besten an.
2. Du sagst, dass du genervt bist von deiner Schwester, die immer dann lernen muss, wenn du Musik hören möchtest.
3. Du bist mit diesem Vorschlag nicht zufrieden und fragst, ob du noch dieses Lied zu Ende hören kannst.
4. Du musst akzeptieren, bist aber böse auf deine Schwester und deine/n Mutter/ Vater.

Unidad 3, ejercicio 10, p. 23

Du bist Arzt/Ärztin und dein nächster Patient/ deine nächste Patientin hat Schmerzen im Bein.

1. Du begrüßt deine Patientin/deinen Patienten und fragst, was mit ihm/ihr los ist.
2. Du fragst, was passiert ist.
3. Du schaust dir das linke Bein genauer an und sagst, dass er/sie sich den Fuß verstaucht hat. Du sagst, dass du ihm/ihr einen Verband machen wirst.
4. Du sagst, dass er/sie keine Krücken tragen muss. Er/sie hat Glück gehabt. Du legst ihm/ihr den Verband an.
5. Du verabschiedest dich von deinem Patient/deiner Patientin und wünschst gute Besserung (¡Qué te mejores!).

JUGAR UN PAPEL | EINE ROLLE SPIELEN

Alumno/-a A

Unidad 5, ejercicio 10, p. 40

Du möchtest dir von deinem Bruder / deiner Schwester seine / ihre neuen Jeans ausleihen. Er will sie dir aber nicht geben …

1. Du fragst, ob du seine / ihre neue Jeans für die Schule morgen früh anziehen darfst.
2. Du sagst, dass du ihn / sie doch nie um einen Gefallen bittest.
3. Du erwiderst, dass er / sie diese Woche schon deine neue Jacke getragen hat.
4. Du akzeptierst oder: Du akzeptierst nicht und sagst, dass er / sie dich in Ruhe lassen soll und du es vorziehst, deine alten Jeans anzuziehen.

Unidad 6, ejercicio 12, p. 49

Du rufst eine/n Freund/in an und erzählst ihm / ihr von einem Schulausflug, den ihr heute morgen gemacht habt.

1. Du rufst deine/n Freund/in an, begrüßt ihn / sie am Telefon.
2. Du sagst, es geht dir gut und dass du ihm / ihr von eurem Schulausflug heute morgen erzählen musst.
3. Du sagst, dass ihr in einem Naturwissenschaftsmuseum wart.
4. Du sagst, dass du keine Fotos gemacht hast, aber ein Buch im Museum gekauft hast.
5. Du schlägst vor, dass ihr euch morgen Nachmittag bei dir treffen könnt und dass du ihm / ihr dann auch eine Kopie der Grafiken zeigen wirst, die du dort in deinem Memory-Stick gespeichert hast.
6. Du verabschiedest dich auch und sagst „bis morgen".

Unidad 7, ejercicio 9, p. 59

Du würdest gerne zum Konzert von deinem Lieblingssänger / deiner Lieblingssängerin gehen und fragst einen Freund / eine Freundin ob er / sie mitkommen will.

1. Du würdest super gerne zum Konzert von [?] gehen. Er / sie ist der / die Beste! Du fragst deinen Freund / deine Freundin, ob er / sie mitkommen will.
2. Du erwiderst, dass deine Freundin / dein Freund letztes Jahr auch dort war und es war klasse.
3. Du stimmst zu, aber fügst an, dass du ja nicht jede Woche auf ein Konzert gehst.
4. Du sagst, dass Fußball dich auch interessiert.
5. Du sagst, warum nicht! Du fragst dann aber, ob er / sie auf das Konzert mitkommt.

Unidad 8, ejercicio 7, p. 67

Tú vives en Alicante y conoces a un/-a chico/-a en una heladería que es nuevo/-a en la ciudad.

1. Du begrüßt das Mädchen / den Jungen und fragst, wie es ihr / ihm geht.
2. Du sagst, dass das das beste Eis der Stadt ist und fragst, ob er / sie das erste mal da ist.
3. Du fragst, was er / sie bisher schon in der Stadt gesehen hat.
4. Du schlägst vor, dass du ihm / ihr die Stadt zeigst (Schlage zwei oder drei Sehenswürdigkeiten vor!) und dass ihr euch z. B. am Wochenende am Strand treffen könnt.
5. Ihr verabschiedet euch.

Alumno/-a B

Unidad 6, ejercicio 12, p. 49

Ein/e Freund/in ruft dich an und erzählt dir von seinem/ihrem Schulausflug.

1. Du freust dich über den Anruf deines/-r Freundes/-in und fragst, wie es ihm/ihr geht.
2. Du fragst, wohin er/sie denn bei dem Schulausflug gefahren/gegangen ist.
3. Du findest das toll und fragst, ob er/sie dort Fotos gemacht hat.
4. Du sagst, dass du das Buch gerne sehen möchtest.
5. Du sagst, dass das eine gute Idee ist. Du wirst ein neues Buch über Naturwissenschaften mitbringen, das du deiner/deinem Freund/in zeigen möchtest.
6. Du verabschiedest dich.

Unidad 5, ejercicio 10, p. 40

Dein Bruder/deine Schwester möchte sich von dir deine neuen Jeans ausleihen. Das willst du aber nicht.

1. Du fragst ob dein Bruder/deine Schwester verrückt ist und dass du ihm/ihr deine neuen Jeans nicht für alles Geld der Welt gibst.
2. Du sagst, dass es nicht stimmt. Er/Sie bittet dich immer um Gefallen. Zum Beispiel das T-Shirt letzte Woche, … oder …
3. Du schlägst einen Handel vor. Dein Bruder/deine Schwester wird die ganze Woche lang die Betten machen und abwaschen.
4. Du reagierst entsprechend.

Unidad 8, ejercicio 7, p. 67

Tú eres nuevo/-a en la ciudad y conoces a un/-a chico/-a en una heladería.

1. Du begrüßt das Mädchen/den Jungen, sagst ihm/ihr deinen Namen auch und sagst, dass es dir gut geht. Du fragst, ob dies das beste Eis der Stadt ist.
2. Du antwortest, dass du das erste mal da bist, da du erst letzte Woche nach Alicante gezogen bist.
3. Du antwortest, dass du bisher leider noch nicht so viel gesehen hast.
4. Du findest das eine gute Idee und gibst ihm/ihr deine Telefonnummer.
5. Ihr verabschiedet euch.

Unidad 7, ejercicio 9, p. 59

Ein Freund/eine Freundin will zum Konzert seines/ihres Lieblingssängers/seiner/ihrer Lieblingssängerin gehen und fragt dich, ob du mitkommen willst. Du hast aber keine Lust, weil du den Sänger/die Sängerin nicht besonders magst.

1. Du hast keine rechte Lust. Du sagst, dass [?] so toll nun auch wieder nicht ist. (Man muss nicht übertreiben.)
2. Du sagst, dass die Eintrittskarten für das Konzert außerdem sehr teuer sind.
3. Du bemerkst, dass du dein Geld lieber für ein Fußballspiel ausgibst.
4. Du schlägst vor, gemeinsam ein Spiel im Stadion anzugucken.
5. Du antwortest auf seine/ihre letzte Frage noch einmal.

LÖSUNGEN

Unidad 1 (Autocontrol, S. 9)

1
1. comedor
2. ruido
3. monitor
4. fregar
5. cabaña
6. cabeza
7. pescado
8. bucear
9. plato
10. nadar

2
1. vienen
2. vienes, Vengo, venimos
3. viene
4. venís

3
1. te, me
2. Les
3. os
4. nos
5. le

4
1. Jorge está fregando los platos.
2. Luisa y Vero están leyendo una revista.
3. Carlos y yo estamos poniendo la mesa.
4. Tú estás preparando la comida.
5. Yo estoy escribiendo la lista de la compra.

5
1. Me gustaría aprender a bucear.
2. No me gusta nada.
3. Estoy hasta las narices.
4. ¡Tranquilo/-a!
5. No es para tanto.
6. ¡Voy a pasármelo muy bien!

Unidad 2 (Autocontrol, S. 17)

1
1. cruzar la calle
2. la primera calle a la derecha
3. la segunda calle a la izquierda
4. todo recto

2
Lucía es **la primera**.
Roberto es **el segundo**.
Luis es **el tercero**.
Virginia es **la cuarta**.
Marcos es **el quinto**, ¡pero es **el tercer chico**!
Y como última, **la sexta** es Letizia.

3
1. haced
2. hablad
3. id
4. leed
5. tened
6. escribid

Wenn du Probleme hattest:

Schau dir noch einmal die Vokabeln in der Vokabelliste (**Libro**, S. 155-157) an und lerne sie.

Schau dir die Formen des Verbs **venir** noch einmal im **Resumen de Gramática** auf S. 20 (Punkt 1) an und lerne sie auswendig. Wiederhole auch immer mal wieder die unregelmäßigen Verben, die du schon kennst.

Wiederhole nochmals die indirekten Objektpronomen im **Resumen de Gramática** auf Seite 20 (Punkt 2) und mache folgende Übungen: **Libro**, S. 14/5 und S. 17/8.

Wiederhole nochmals die Bildung der Verlaufsform. Schau dir dazu im **Resumen de Gramática** auf S. 20 den Punkt 4 an und übe die Verlaufsform nochmals mit der Aufgabe 4 im **Libro**, S. 16.

Schau dir im Vokabelverzeichnis (**Libro**, S. 158) die Rubrik „Para comunicarse" an. Du kannst dir die Redemittel besser merken, wenn du dir ganz konkrete Situationen vorstellst, in denen du sie verwenden kannst.

Wenn du Probleme hattest:

Schau dir noch einmal die Vokabeln in der Vokabelliste (**Libro**, S. 158-161) sowie den **Acércate**-Text auf S. 22/23 und die Übung (**Libro**, S. 23/2) an. Es hilft, sich die Richtungen laut vorzusagen und sie gleichzeitig mit dem Körper mitzumachen!

Schau dir noch einmal die Ordnungszahlen im **Resumen de Gramática** auf S. 30 (Punkt 4) an und lerne sie auswendig. Wenn du Probleme mit der Angleichung **maskulin**/**feminin** hattest, überlege dir erst, ob das Bezugswort männlich oder weiblich ist und entscheide dich dann für die Endung auf **–o** oder auf **–a**. Falls du **el tercer chico** falsch gemacht hast, denke daran, dass **primero/-a** und **tercero/-a** nur vor männlichen Substantiven zu **primer** und **tercer** verkürzt werden!

Schau dir noch einmal die Bildung der Imperative im **Grammatikheft** von ¡Apúntate! 1 auf S. 17 an.

4 Javi y sus padres se levantan muy temprano, pero su hermano Rafa siempre se levanta tarde. Siempre está cansado. ¡Y los padres siempre se quejan! Luego, Rafa y Javi se duchan, desayunan, se ponen la ropa y se van al instituto. Allí se quedan por la mañana y por la tarde. Después Javi se va a casa para hacer sus deberes y Rafa a veces se acuerda de comprar pan para la cena y va a la panadería.

Schau dir die Formen der Reflexivverben noch einmal im **Resumen de Gramática** auf S. 30 (Punkt 2) an und lerne sie auswendig. Lass dich von jemandem abfragen. Du kannst auch eine Verbkarte für die reflexiven Verben anlegen.

Unidad 3 (Autocontrol, S. 26)

1 En Punta Arenas hace mal tiempo: hace frío, hay nubes, llueve y hay tormentas.
En Yucatán hace buen tiempo: hace mucho calor, no hay nubes y hace sol.

2
1. he comido / he tenido
2. hemos jugado
3. habéis leído
4. te has ido
5. ha escrito
6. han vuelto

3
1. En la piscina hay mucha gente, pero en el estadio no hay nadie.
2. José come mucho, pero Alberto no come nada.
3. Pepa siempre baila en las fiestas, pero Patricia no baila nunca.
4. A Elena le gusta mucho la música de Juanes, pero a Esteban no le gusta nada.
5. Veo a Ana, a Paqui y a Rosa. Pues yo ¡no veo a nadie!

4
1. Ella no habla con nadie.
2. Pepito no conoce a nadie en Alemania.
3. No tienes tiempo nunca / Nunca tienes tiempo.
4. Vosotros no comprendéis / entendéis nada.

Wenn du Probleme hattest:

Schau dir nochmal im Vokabelverzeichnis (**Libro**, S. 161–162) an, wie man auf Spanisch ausdrückt, wie das Wetter an einem Ort ist. Wiederhole die Übung 4 im **Cuaderno**, S. 19.

Wiederhole nochmals die Bildung des pretérito perfecto. Schau dir dazu im **Resumen de Gramática** auf S. 41 den Punkt 2 an und lerne vor allem die unregelmäßigen Partizipformen auswendig. Wiederhole die Übungen: **Libro**, S. 37/3, 4 und 5 und **Cuaderno**, S. 22/3 und 4.

Schau dir im **Resumen de Gramática** auf S. 41 noch einmal die Verneinung mit **no … nadie** (= niemand), **no … nunca** (= niemals) und **no … nada** (= nichts) an. Wiederhole die Übung: **Libro**, S. 38/7.

Siehe Tipps zu Ejercicio 3!

Unidad 4 (Autocontrol, S. 33)

1
1. das
2. da
3. damos
4. doy
5. dais
6. dan

2
1. haz
2. siéntate
3. cállate
4. dime
5. pon
6. sé

3
1. Los zapatos marrones son más nuevos que los zapatos negros.
2. Don Julián es mayor que Marco.
3. Ana es tan alta como Carla.
4. Las manzanas son menos caras que las naranjas.
5. Roberto es más activo que Paco.
6. Luisa tiene mejores notas que Inma.

Wenn du Probleme hattest:

Schau dir das Verbparadigma des Verbs **dar** im **Resumen de Gramática**, S. 54 (Punkt 5) an und lerne die Formen auswendig.

Einige Imperative sind unregelmäßig (z. B. **haz**, **pon** oder **sé**). Schau dir diese unregelmäßigen Imperative noch einmal an und lerne sie auswendig.
Die Pronomen können beim Imperativ angehängt werden. Dann muss ggf. ein Akzent gesetzt werden. Siehe auch **Resumen de Gramática** S. 54 (Punkt 1 und 2).

Sieh dir noch einmal die Bildung des Komparativs im **Resumen de Gramática** auf S. 54 (Punkt 3) an. Denke daran, dass es **más / menos … que** heißt, aber **tan … como**. Die Adjektive musst du auch hier an das Bezugswort angleichen.

4
1. Éstos son mis mejores pantalones.
2. Es el libro más nuevo de Pérez Reverte.
3. Ella es la mayor en mi clase.
4. Son los peores ejercicios para mí.
5. Éste es mi hermano menor.

Den Superlativ bildet man mit Artikel + **más** + Adjektiv, welches wieder an das Bezugswort angeglichen werden muss. Es gibt einige unregelmäßige Superlative, die man auswendig lernen muss. Siehe auch **Resumen de Gramática** auf S. 54 (Punkt 4).

Unidad 5 (Autocontrol, S. 42)

1
– Mira <u>aquellos</u> caballos, ¡qué inquietos!
+ Sí, y <u>aquellas</u> vacas allí. ¿Las ves?
– Sí, sí. <u>Aquel</u> perro allí también es muy divertido. Y <u>aquella</u> gata, ¡qué graciosa!

Wenn du Probleme hattest:

Wiederhole im **Resumen de Gramática** auf S. 66 die Formen des Demonstrativbegleiters **aquel**.

2
1. conoces
2. conozco
3. conoce
4. conocéis
5. conocemos
6. conocen

Schau dir das Verbparadigma des Verbs **conocer** im **Resumen de Gramática**, S. 66 (Punkt 1) an und lerne die Formen auswendig. Du kannst auch eine Verbkarte für **conocer** anlegen und damit üben.

3
1. Este fin de semana la he visto.
2. Elena los ayuda.
3. José Manuel siempre lo busca.
4. ¿Las habéis visto hoy?
5. ¡Ayúdalas!
6. Friégalos!

Wiederhole nochmals die direkten Objektpronomen im **Resumen de Gramática** auf S. 66 (Punkt 4) und mache folgende Übungen: **Libro**, S. 58/6 und S. 62/7.

4
1. ¡Déjame en paz!
2. ¡No lo hago ni loco!
3. ¡Hazme el favor!
4. ¡Hazlo por mí!

Schau dir im **Resumen de Gramática** auf S. 66 noch einmal die Stellung der Objektpronomen an. An eine Befehlsform müssen sie immer angehängt werden! Beachte die Akzentsetzung, und wiederhole auch die Imperativformen im Allgemeinen. Schau dir dazu noch einmal das **Resumen de Gramática** auf S. 54 (Punkt 1 und 2) an. Beachte vor allem die unregelmäßigen

Unidad 6 (Autocontrol, S. 53)

1
1. fui / visité / fue
2. organizamos / escuchamos / cantamos
3. fue / buscó / fue / paseó / gustó

Wenn du Probleme hattest:

Schau dir die Bildung der Verben, besonders der unregelmäßigen, noch einmal im **Resumen de Gramática** auf S. 78 (Punkt 1) an. Die Formen des pretérito indefinido musst du auswendig lernen!

2
1. Un móvil moderno / más moderno / modernísimo.
2. Una casa cara / más cara / carísima.
3. El pelo largo / más largo / larguísimo

Die Steigerungsform der Adjektive bildet sich regelmäßig. Siehe auch **Resumen de Gramática** auf S. 54 (Punkt 4) und S. 78 (Punkt 5). Manchmal musst du bei der Schreibung aufpassen, z. B. **largo → larguísimo**, oder bei unregelmäßigen Adjektiven, z. B. **bueno (mejor)**, **malo (peor)**.

3
1. Sí, estoy preguntándoos.
2. No, no las quiero ver.
3. Sí, los estamos buscando.
4. No, no voy a preguntarles.
5. No, no puedo ayudarte.
6. Sí, me puedes preguntar.

Die Objektpronomen können sowohl vor dem konjugierten Verb stehen als auch an den Infinitiv oder den Imperativ angehängt werden: **los** puedo leer / puedo leer**los**. Siehe auch **Resumen de Gramática** auf S. 78 (Punkt 2). Wenn du mit den Objektpronomen Schwierigkeiten hattest, wiederhole folgende Übungen: **Libro**, S. 66/4 und S. 20/2.

Unidad 7 (Autocontrol, S.61)

1
1. El fotógrafo toma fotos.
2. El jugador de baloncesto juega al baloncesto.
3. El científico descubre vacunas.
4. El biólogo trabaja en un parque nacional.
5. La actriz trabaja en el teatro.

2
tú conociste
él bebió
vosotros volvisteis
nosotras recibimos
ellas vendieron
yo viví

1. Ayer tú conociste a mi prima Patricia.
2. Hace una semana nosotras recibimos una carta de mi tía en Nicaragua.
3. Hace dos días él bebió horchata, pero no le gustó.
4. La semana pasada vosotros volvisteis de las vacaciones.
5. Ayer ellas vendieron libros en un mercadillo.
6. El año pasado yo viví en Perú.

3
1. recibí / recibimos
2. escribió
3. vendimos
4. visteis
5. fuimos / vimos

4
1. Quiero estudiar …
2. A mí me gustaría trabajar en …
3. Yo quiero ser como …

Wenn du Probleme hattest:

Wiederhole die Berufe auf Spanisch. Schau dir dazu im Vokabelverzeichnis (**Libro**, S. 176) den Kasten „las profesiones" an und lerne sie. Du kannst außerdem die Texte im Schülerbuch auf S. 82/83 noch einmal gründlich durchlesen.

Schau dir die Bildung der Verben auf **–er** und **–ir** im pretérito indefinido noch einmal im **Resumen de Gramática** auf S. 92 (Punkt 1) an. Um dir die regelmäßigen Formen des pretérito indefinido der Verben auf **–er** und **–ir** zu merken, lernst du am besten die beiden Beispielverben **comer** und **escribir** auswendig! Dann kannst du die Formen und Endungen auf alle weiteren Indefinidoformen der Verben auf **–er** und **–ir** übertragen. Achte bei den Verben **leer** und **ver** auf die Rechtschreibung! Wiederhole die Übungen: **Libro**, S. 87/5, 6 und 7 und S. 88/9a.

Siehe Tipps zu Ejercicio 2!

Schau dir im Vokabelverzeichnis (**Libro**, S. 177) die Rubrik „Para comunicarse" an und lerne die Redemittel auswendig. Du kannst außerdem die Texte im Schülerbuch auf S. 82/83 gründlich durchlesen und dabei vor allem auf die Redemittel achten.

Unidad 8 (Autocontrol, S.70)

1
1. Aitor lavó los vaqueros y las camisetas.
2. Compró bocadillos y botellas de agua para el viaje.
3. Les escribió un correo a sus primos.
4. Preparó la mochila.
5. Tuvo que ordenar la habitación antes del viaje.
6. Le dijo a su papá: "Estoy listo para el País Vasco".

2
1. han venido
2. he bebido
3. fuimos
4. dijo
5. pudimos / vino
6. ha dicho

3
1. Nunca vamos al cine.
2. ¡Nada de esto como!
3. Nadie sabe bailar aquí. ¡Qué pena!
4. Nadie está en casa.
5. Nunca me llamas al móvil. ¿Por qué?

4
Oigo que oyes que oye una palabra. Pero no oímos la palabra que oís y los otros tampoco la oyen.

Wenn du Probleme hattest:

Schau dir die Bildung des pretérito indefinido, vor allem der unregelmäßigen Verben noch einmal an. Siehe auch **Resumen de Gramática** auf S. 78 (Punkt 1), S. 92 (Punkt 1) und S. 102 (Punkt 1). Erstelle Verbkarten, auf die du alle Formen des jeweiligen Verbs eintragen und dann lernen kannst.

Bei der Unterscheidung der Verbzeiten helfen dir Schlüsselwörter. Siehe auch **Resumen de Gramática** auf S. 102 (Punkt 1.3). Suche in den Sätzen diese erst heraus, unterstreiche sie und entscheide dich erst dann für eine Zeitform.

Nunca (= nie), **nada** (=nichts), **nadie** (=niemand) stehen vor dem konjugierten Verb. Siehe auch **Resumen de Gramática** auf S. 102 (Punkt 2). Stehen sie an anderer Stelle im Satz, muss ein **no** hinzugefügt werden, z. B. **No veo a nadie**.

Schau dir noch einmal die Konjugation des Verbs **oír** im **Libro**, S. 146, an und lerne sie auswendig.

5
1. Sin embargo
2. Aunque
3. Mientras
4. Cuando
5. Sin embargo
6. Aunque

Diese Konnektoren musst du als Vokabeln lernen:
sin embargo = trotzdem
aunque = obwohl
mientras = während
cuando = wenn / als

Unidad 9 (Autocontrol, S. 79)

1
1. ¿Quién puso la mesa ayer?
2. ¿Cuándo estuviste en Cartagena?
3. ¿Qué trajisteis?
4. ¿Quiénes le dieron los apuntes a Pepa?
5. ¿Dónde estuvisteis anteayer?
6. ¿Adónde fuiste el fin de semana pasado?

2
1. Hasta el año pasado
2. Todavía no
3. Anoche
4. Hace dos años
5. Este verano

3
suppus**puse**supa**supiste**pusist**puso**pasoponó**supopusi-**
mossapimos
pusisteissabó**supisteis**sabisteissabieron**supieron**pusa-
ron
Falta: supe supimos pusiste pusieron

4
1. ¡Déjate / Dejaos de cuentos!
2. ¡Lárgate / Largaos de aquí!
3. ¡Mejor nos vamos de aquí!

Wenn du Probleme hattest:

Wiederhole im **Resumen de Gramática** auf S. 112 die unregelmäßigen Indefinidoformen der Verben **estar**, **dar**, **traer**, **poner**, **hacer** und **saber**. Die unregelmäßigen Indefinidoverbformen musst du auswendig lernen! Erstelle für die neuen unregelmäßigen Verben Verbkarten, auf die du alle Formen des jeweiligen Verbs einträgst und dann lernen kannst. Wiederhole außerdem folgende Übungen: **Libro**, S. 108/2, 3 und 4.

Die Signalwörter helfen dir dabei, die richtige Vergangenheitszeit anzuwenden. Wiederhole dazu noch einmal den Punkt 2 im **Resumen de Gramática** auf S. 102. Lerne die Signalwörter für das pretérito indefinido (z. B. **el año pasado**, **ayer**, etc.) und das pretérito perfecto (z. B. **esta mañana**, **hoy**, **ya**, etc.) am besten auswendig. Wiederhole außerdem folgende Übung: **Libro**, S. 109/6.

Wiederhole im **Resumen de Gramática** auf S. 112 die unregelmäßigen Indefinidoformen der Verben **poner** und **saber**. Die unregelmäßigen Indefinidoverbformen musst du auswendig lernen!

Schau dir im Vokabelverzeichnis (**Libro**, S. 183) die Rubrik „Para comunicarse" an. Du kannst außerdem den Text auf S. 107 im Schülerbuch durchlesen. Um dir die Redemittel besser merken zu können, stell dir konkrete Situationen vor, in denen du die Sätze verwenden kannst.

Unidad 10 (Autocontrol, S. 85)

1
1. El instituto está tan lejos que no puedo ir a pie.
2. Esa chica es tan pesada que nadie quiere hablar con ella.
3. Yo estoy tan enfermo/-a que no puedo ir a clases.
4. Mis amigos son tan activos que casi nunca se quedan en casa los fines de semana.
5. Buenos Aires es tan grande que te puedes perder fácilmente.
6. Ese móvil es tan caro que no lo puedo comprar con mi paga.

Wenn du Probleme hattest:

Bei der Konjunktion **tan ... que** muss das Adjektiv in der Mitte stehen. Dabei muss es an das Bezugswort angeglichen werden (**maskulin** / **feminin**), z. B. La chic**a** es tan pesad**a** que … / Mis amig**os** son tan activ**os** que …

2
Hola, me llamo Pablo. <u>Desde</u> el año pasado vivo aquí en Buenos Aires con mis padres, mi hermano Julio y mi hermana Milena. Ella es la menor y nació <u>hace</u> dos años. <u>Desde hace</u> tres meses vivimos en una calle más o menos en el centro. Es muy bonita y nos gusta mucho vivir aquí. <u>Hace</u> una semana vinieron mis primos y se quedaron unos días con nosotros. Fuimos al cine y a las playas cerca de Buenos Aires. <u>Desde</u> entonces conozco mucho mejor esas playas.

Die Präposition **desde** wird verwendet, wenn man von einem Zeit**punkt** spricht. **Desde hace**, wenn man von einem Zeit**raum** spricht. **Hace** heißt zeitlich „vor". Am besten merkt man sich die Unterschiede mit einem Beispielsatz, z. B.
Desde el lunes pasado …
Desde hace tres meses …
Hace una semana …

3 Marga es una chica simpática. Siempre se levanta alegremente y desayuna tranquilamente con su hermana y sus padres. Después va al instituto en un autobús muy grande que casi siempre está lleno. En el instituto encuentra a su amiga Clara que normalmente llega un poco más temprano, porque va con otro autobús. Clara es de Francia, pero habla muy bien español.

Ein Adverb beschreibt ein Verb näher und wird mit der femininen Endung + **mente** gebildet, z. B. **Desayuna tranquilamente ...** Mit einigen Ausnahmen musst du aufpassen. Siehe auch **Resumen de Gramática** auf S. 126 (Punkt 2).
Ein Adjektiv beschreibt ein Nomen näher und wird an dieses in Genus und Numerus angeglichen, z. B. **Una chica simpática**. Suche dir zunächst die Bezugswörter heraus, unterstreiche diese und bilde dann das Adjektiv bzw. Adverb.